KB179553

절대로 망하지 않는 비밀

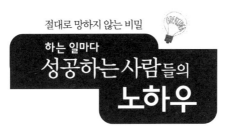

하는 일마다
성공하는 사람들의
노하우

절대로 망하지 않는 비밀

하는 일마다

성공하는 사람들의

노하우

5 가지 사고법이 당신의 인생을
극적으로 바꿔줄 것이다.

최선의 판단과 선택의 방법을 익혀라!

CREATIVE IDEA

나가지마 다카시 지음 | 안소현 옮김   북카누리

인생은 판단의 연속이다

사람은 태어나면서부터 매순간 판단, 결단, 의사결정을 내려야 한다. 진학, 취직, 전직, 결혼, 이혼, 비즈니스를 할까 말까 고민한다. 투자가라면 환율 변동, 주가 변화에 따라 초 단위로 의사결정을 내려야 할 때도 있다.

친구를 고르고 여행지를 선정하며 노래방에서 선곡할 때도 그렇다.

"오늘 점심은 뭘 먹을까?"

"점심? 뭐든지 괜찮아."

이렇게 말하는 사람도 있을 것이다.

하지만 결혼의 경우 "여자라면 누구라도 괜찮아"라며 상대를 결정하는 남자는 거의 없다. 사람은 대부분 비즈니스나 인생의 중대사를 결정할 때 조금이라도 나은 것을 선택하기 위해 필사적으로 노력한다.

우리는 판단, 결단, 의사결정을 할 때 여러 조건을 생각해서 어느 것이 가장 장점이 많은지, 어느 것이 가장 단점이 많은지, 어느 것이 얼마나 손해인지 이득인지 계산한다.

이 사실은 강대국인 미국의 대통령이나 거지나 마찬가지다. 사람은 욕망이라는 에너지가 존재하는 한, 좀 더 나은 판단을 하려고 한다.

아이들의 세계도 그러하다.

예를 들어 케이크가 두 개 있다고 하자.

"각자 원하는 대로 사이좋게 나눠먹어라. 형제니까……."

라고 엄마가 말씀하셨다.

딸기쇼트케이크와 몽블랑케이크, 두 종류라면 형제는 각각 좋아하는 케이크를 선택할 것이다. 이때 판단기준은 '어느 쪽을 좋아하는가?' 이다.

만일 딸기쇼트케이크 한 종류만 있다면 이번에는 '케이크에 장식된 딸기가 어느 쪽이 더 큰가?', '어떤 케이크가 더 큰가?', '크림이 듬뿍 발라져있는 케이크는 어느 것인가?' 를 기준으로 선택한다.

아이들이 형제라는 점에 주목해보자.

"내가 형이니까 큰 거 먹을 거야."

라고 말할지도 모른다. 아우는,

"형이 동생에게 양보해야 하는 거 아냐? 동생을 돌봐줘

야지.”

라고 우겨댈지도 모른다.

“이긴 사람이 큰 거 먹기로 하자!”라며 힘 겨루기를 할지도 모른다.

형이 싸움에 이겨서 큰 케이크를 차지하면 동생은 엄마에게 달려가 고자질한다. 그러면 엄마는 “형이 돼서 동생한테……”라며 호되게 꾸지람을 한 후 형의 케이크를 빼앗는다.

동생은 머리싸움으로 큰 케이크를 교묘히 가로채는 데 성공했다. 흔히 사용하는 약자의 전략으로 상대를 이용해서 이긴 것이다.

국제분쟁에서도 이런 상황을 종종 발견할 수 있다.

미국과 유럽의 여러 국가, 중국, 러시아, 일본, 이라크, 리비아, 북한 등과 외교교섭을 할 때 적용되는 경우도 있다.

사람은 누구든 최상의 선택과 최상의 실행을 하고 싶어 한다. 조금이라도 나은 쪽을 선택하려는 것은 당연한 현상으로 그렇게 하지 않는 편이 오히려 이상하다.

그만큼 판단은 어렵다.

선택의 수가 두 가지일 때는 어느 쪽이 더 나은지 비교, 검토해서 판단하면 된다. 하지만 선택의 수가 여러 가지 있을 때는 최상의 것을 선택하기가 쉽지 않다. 직감으로 ‘이거다!’

라고 판단하기도 어렵고 주위의 동조를 얻기도 힘들다. 잘못하다가는 책임을 지어야 할 상황이 벌어질 수도 있다. 그러므로 최상의 것을 선택하기 위한 방법론이 필요하다.

　올바른 판단, 이득이 되는 결단, 최상의 의사결정을 하려면 합리적인 과정을 거쳐야 한다.

　구체적으로 어떤 방법이 있을까? 어떻게 하면 최상의 판단을 할 수 있을까?

　이 책의 목적은 이 점을 분명히 밝히고 누구나 정답을 이끌어내는 방법을 숙달하도록 돕는 데 있다. 단순하고 신속하고 논리적인 판단과 결단, 의사결정을 내리려면 어떻게 해야 할까? 최대한 이해하기 쉽고 구체적인 사례를 들어 설명하였다. 이 책이 부디 당신에게 많은 도움이 되길 바라며……

나카지마 다카시

차례

2 5가지 과정을 거치면 반드시 올바른 판단을 내릴 수 있다

3 훌륭한 리더는 모두
이런 판단력을 갖고 있다

4 고객을 공략하는 방법과 최상의 판매를 할 수 있는 판단력을 익혀라

5 탁월한 판단력이 있어야 인간관계를 잘 유지할 수 있다

6 판단력을 기르는 '10가지 습관'

자신감과 오만은 종이 한 장 차이다. 어디가 어떻게 다른지는 설명하기 어렵지만 '무서움'을 아느냐 모르느냐, '겸허함'을 갖고 있느냐 없느냐로 구분할 수 있다. 무서움과 겸허함을 갖고 있으면 자신만만한 태도 속에서도 신중함을 잃지 않을 수 있다. 방심하지 않으므로 대충 하지 않으며 대담하게 행동하지만 세심함을 기억하고 있다.

1

일 잘하는 사람은 모두
판단력이 뛰어나다

사소한 판단 차이가 천국과 지옥을 가른다

미래는 아무도 예측할 수 없다. 오로지 신만이 알 수 있다.

사소한 판단 착오로 부자가 망하거나 사업에 실패하는 비극이 빚어지기도 한다. 예를 들어 주식투자에는 매순간 판단력이 필요하다.

소니가 트랜지스터라디오를 발매하자 당시 학생이었고 지금은 주식평론가로 이름을 날리고 있던 어떤 사람이 여기에 관심을 가졌다. 하지만 화려하고 새로운 것을 좋아하는 그는 소니의 트랜지스터라디오 대신 신형 자동차에 마음을 빼앗겼고 할부로 무리하게 구입했다. 자동차 가격은 그때 돈으로 60만 엔이었다.

참고로 당시 봉급생활자의 월급은 만 5천 엔 정도였다. 소니 주식을 1,000주 사려면 25만 엔이 필요한데 자동차 구입비와 비교하면 그리 큰 금액은 아니다. 소니 주식을 사려고 마음만 먹었다면 못할 것도 없었다.

만일 그가 자동차 대신 소니 주식을 샀다면 어떻게 되었을까?

주식을 팔지 않고 계속 갖고 있었다면 지금은 5억 엔이 되었을 것이다.

하지만 그는 소니 주식을 사지 않았다. 그리고 그가 구입한 자동차는 오래 전에 폐차했으므로 당연히 흔적도 없이 사라졌다. 반면 소니의 주식가치는 엄청나게 상승했다.

'이건 판단 착오다!' 라고 뒤늦게 후회해봤자 아무 소용도 없다. 사실 지금이니까 이런 지적도 가능한 것이다. 40년 동안 주식을 팔지 않고 계속 갖고 있는 사람은 드물기 때문에 그가 소니 주식을 사지 않았던 것이 당연한 일인지도 모른다.

하지만 소니 주식을 사서 40년 동안 계속 갖고 있었다면 지금은 5억 엔이 되었을 것이다. '그때 판단 착오로……' 라고 후회하는 것은 투자의 세계를 어느 정도 알고 있어야 할 수 있는 말이다. 문득 투자의 세계에는 하느님이나 부처님이 존재하는 것이 아닌가라는 생각이 든다.

주식투자의 세계에서 '반대 의견을 지닌 사람(contrarian)'이라는 말이 널리 사용된다. 속칭 '악귀', '심술쟁이' 라고 하며 주가가 하락할 때 사고 주가가 상승할 때 파는 방법을 의미하기도 한다.

반대 의견을 지닌 투자가는 위험부담은 있지만 큰돈을 벌 수 있다. 주식의 세계에는 전부터 '남이 가지 않는 길에 기회가 있다' 는 말을 한다.

사소한 판단 차이와 착오, 망설임이 투자에서는 몇 억 엔의 손해와 이익을 좌우한다.

사소한 판단 착오가 상승세를 꺾는다

한순간의 판단 착오는 커다란 실패를 불러오며 이런 현상은 주식투자에서만 나타나는 것이 아니다.

비즈니스맨이라면 사업을 할 때 가장 중요한 능력이 '판단력'이라는 사실을 잘 알고 있을 것이다.

'계약 해지!'

커다란 표제가 신문을 장식해서 자세히 읽어보니 후지타 상점(藤田商店)의 창업자이며 카리스마 넘치는 리더십으로 일본 맥도널드를 경영하는 후지타 덴(藤田田)과 미국 맥도널드 본사의 계약이 백지로 돌아갔다는 이야기였다. 그는 일본 맥도널드 홀딩(Mcdonald's Holdings Japan)의 경영에서도 손을 떼게 되었다.

30년 동안 장기 경영 위탁 계약을 체결했는데 62억 4901만 엔의 위약금은 특별 손실로써 회계 처리되었다고 한다.

일본 맥도널드는 흑자를 기록하리라는 예상과 달리 2년 연속 엄청난 적자(세금을 뺀 후의 이익)를 냈다. 전년도 같은 기간에 비해 크게 밑도는 수치가 나타나자 근본적인 대책을 세우기 위해 노력했다. 일본 맥도널드는 외국의 맥도널드와 달리 여러 가지 특혜를 누렸던 것으로 알려졌다. 주식 비율과 사내 유보(retained earning. 기업이 벌어들인 이익금 중에서 기업 밖으로 분배되지 않고 기업 안에 적립되는 부분)의 사용법 등에서 우대를 받았다.

이것은 후지타 덴의 뛰어난 수완 덕분이었다.

그는 당시 미쓰코시(三越) 백화점 사장의 여러 가지 방해를 이겨내며 긴자(銀座)에 맥도널드 첫 점포를 열어 일본에 햄버거 문화를 보급시켰다. 그 후 긴자는 새로운 식생활 문화의 첨단기지가 되었다.

일본의 외식산업은 맥도널드의 성공이 있었기에 지금처럼 발전했다고 말할 수 있다. 많든 적든 모두 맥도널드의 전략을 주목했던 것은 사실이다.

하지만 전성기를 구가하던 일본 맥도널드는 적자로 돌아선 후 명예퇴직 신청과 부진한 샌드위치 사업에서 손을 떼는 등 1년 동안 어두운 상황이 계속되었다. 일본 맥도널드는 실적을 만회하기 위해 캐나다와 미국 법인의 임원을 스카우트해서 경영층을 대대적으로 물갈이했다.

일본 맥도널드가 적자로 돌아선 이유에 대해 경제 분석가들은 '디플레이션이 끝나는 시점이라는 판단 착오'를 일으켰기 때문이라고 진단했다.

일본 맥도널드는 '햄버거를 65엔'에 판매하는 경이적인 가격파괴로 업계에 큰 반향을 일으켰는데 후지타 덴은 경제지에 "디플레이션은 이제 끝났다"라고 선언한 후 멋대로 햄버거 가격을 올렸다.

그러자 순식간에 매출이 뚝 떨어졌고 황급히 가격을 '59엔'으로 낮췄지만 과잉대처라는 평가마저 들었다. 하필 그때 광우병 소동이 일어나는 등 상황이 더욱 나빠졌다.

후지타 덴이 지적했듯 확실히 일본 경제는 디플레이션이 끝나가고 있다. 나는 경제 분석가들의 '디플레이션이 끝나는 시점이라는 판단 착오'를 일으켜서 그렇다는 진단을 내린 것이야말로 판단 착오라고 생각한다.

사람은 그다지 논리적인 동물이 아니다. 바꿔 말하면 경제적인 판단으로만 행동하지 않는다는 것이다. 사람은 감정적, 심리적인 동기를 감안해서 판단을 내리는 생명체다.

예를 들어 음식이든 의류든 사람은 누구나 '적당한 가격이라는 느낌'을 갖고 있다. '이건 65엔까지는 지불하지만 그 이상일 때는 곤란하다'는 심리가 있다. 햄버거를 65엔보다 비싸게 구입하느니 주먹밥이나 샌드위치가 낫겠다는 생각도 한다. 세상에 음식이 햄버거만 있는 것이 아니다. 편의점에 가면 주먹밥도 있고 빵도 있다.

후지타 덴은 "일본인이 햄버거를 백 년 동안 계속 먹는다면 금발이 될 것이다"라고 장담했던 사람인데 햄버거 가격을 올리려고 했다면 동시에 부가가치까지 올렸어야 했다. 그렇지 않으면 고객은 절대로 오른 가격을 인정하지 않기 때문이다.

그는 상인의 기본 정신을 망각하고 판단 착오를 저질렀다.

가격파괴만이 능사가 아니다. 세븐일레븐과 같은 편의점은 주먹밥 하나를 판매할 때 저렴한 가격보다는 '정성', '부가 가치'라는 키워드를 전면에 내세워서 성공을 거두었다. "주먹밥은 1개에 100엔보다 비싸면 팔리지 않는다"라고 말하는 사람도 많지만 엄선한 소재라는 가치를 강력하게 내세우면 160엔에도 팔 수 있다고 판단하는 사람이 성공할 확률이 높다.

맥도널드는 1973년에 일본에서 영업을 시작한 지 29년 만에 적자를 기록했다. 우리 집 근처에 있는 점포 4곳도 문을 닫았다.

경영 판단 착오는 무섭다. 아무리 상승세에 있는 기업이라도 한순간에 무너질 수 있기 때문이다.

판단 착오가 일어나는 이유

'판단'이 어려운 까닭은 그것이 정답인지 아닌지는 시간이 흐른 다음에야 알 수 있기 때문이다.

결과만 좋으면 무조건 괜찮다고 할 때도 많고 요행이라도 성공하면 모든 것을 용서해주기도 한다. 하지만 실패를 하면 설령 예상치 못한 사태라고 해도 심판을 면하기 어렵다. 평론가는 외부에 있기 때문에 마음 편하게 말할 수 있지만 당사자는 끊임없이 비난을 받는다. 그렇다고 가만히 있을 수만은 없다.

결과에 대해 심판을 받기 때문에 작은 판단도 신중해지고 필사적으로 생각하게 된다. 실패하든 성공하든 아무 상관이 없다면 판단력은 절대로 길러지지 않는다.

그런데 왜 판단 착오가 일어날까?

정보나 공부가 부족했거나 잘못된 믿음, 생각, 착각, 오해, 계산 착오 때문으로 엉터리 판단은 좋은 결과를 가져오지 못한다. 동전을 던져서 결정하는 것과는 차원이 다르다. 착각이나 오해는 잘못된 정보를 입수해서 생기기 때문에 결과가 나쁜 것은 어쩌면 당연하다. 이래서는 정답에 도달할 수 없다.

하지만 정보를 많이 갖고 있고 경험이나 경력이 풍부해도 눈앞에 안개가 끼어 있으면 판단 착오를 피할 수 없다. 판단 착오, 그것도 치명적인 판단 착오를 일으키는 원인은 '자신감'이라는 이름으로 포장된 오만이 아닐까 한다.

자신감과 오만은 종이 한 장 차이다. 어디가 어떻게 다른지는 설명하기 어렵지만 '무서움'을 아느냐 모르느냐, '겸허함'을 갖고 있느냐 없느냐로 구분할 수 있다. 무서움과 겸허함을 갖고 있으면 자신만만한 태도 속에서도 신중함을 잃지 않을 수 있다. 방심하지 않으므로 대충 하지 않으며 대담하게 행동하지만 세심함을 기억하고 있다.

다윈의 '진화론(evolution theory)'에 어느 생물이 마지막까지 살아남을까라는 질문이 있다.

① 가장 현명한 생물
② 가장 강한 생물
③ 가장 변화에 잘 대처하는 생물

당신은 어느 생물이 마지막까지 살아남으리라 생각하는가? 정답은 세 번째, 가장 변화에 잘 대처하는 생물이다. 현명하거나 강한 생물이 아니라는 말이다. 주위의 환경 변화에 대응해서 자신을 바꿀 수 있는 생물이 마지막까지 살아남는다.

단정적으로 말해서 과거의 자신을 언제든지 버릴 수 있어야 한다는 의미다. 중국에는 '허물을 벗지 못한 뱀은 죽는다'는 이야기가 있는데 이것은 사람도 조직도 마찬가지다. '내가 최고'라는 자신감을 갖는 것은 멋진 일이지만 우쭐대며 방심하다가는 큰 코 다친다. 비즈니스의 세계는 눈 감으면 코 베어 가는 곳으로 순식간에 형세가 바뀌기도 한다.

오만은 반드시 방심과 함께 찾아온다. 여기서 방심이란 '지금의 좋은 상태'가 영원히 계속되리라는 자아도취에 빠지거나 과거에 성공했던 경험에 사로잡힌 나머지 상품이나 서비스가 진부하다는 사실을 깨닫지 못하거나 설령 깨닫더라도 '아직 괜찮다'며 대처를 늦게 하는 것을 뜻한다.

경영이든 일이든 방심은 커다란 실패를 불러온다. '진화'를 잊어서는 살아남을 수 없다. 진화는 끊임없이 변화하는 것을 의미한다. 주위 사람이 인식하고 있는지 없는지는 알 수 없지만 스스로 계속해서 성장하고 늘 변화하고 있다는 의식을 갖는 것이 중요하다.

변화를 모색하는 비결

나는 지금까지 3만 명 넘게 최고경영자를 만났는데 그 중에서 '무서움'을 경영의 비결로 꼽은 사람은 내 기억으로 3명밖에 없었다.

마쓰시타 전기산업의 창업자 마쓰시타 고노스케(松下幸之助), 메코쇼카이(明光商會)의 사장 다카기 레지(高木禮二), 이토요카도(イトーヨーカ堂) 명예회장 이토 마사토시(伊藤雅俊), 이들은 모두 창업자이며 기업의 소유자다.

'무서움을 알라'는 말은 기업을 창업할 때의 괴로움을 잊지 말라는 의미다. 고객의 무서움, 시대와 유행의 무서움을 잘 알고 있어야 한다는 것으로 한번 상황이 나빠지면 아무리 노력해도 극복하기 어렵다는 사실을 체험했기 때문에 할 수 있는 말이다.

이들은 적어도 한 달에 한번은 회사가 파산하는 악몽을 꾸고 온몸이 땀에 절어 깨어난다고 한다. 디플레이션으로 불황인데도 이온그룹(Aeon Group) 등 슈퍼마켓 체인점, 편의점 특히 세븐일레븐의 약진이 두드러진 것은 고객의 무서움, 시대와 유행의 무서움을 잊지 않았기 때문에 경영에 방심이 끼어들 틈이 없었던 것이다.

세븐일레븐의 후계자 스즈키 도시후미(鈴木敏文)가 '경쟁자가 고객이다'라고 한 말이 이해된다. 변덕스러운 고객을 상대로 비즈니스를 하는 것이 얼마나 힘든지 알아야 '무서움'을 잊지 않는다.

최근 세븐일레븐은 한 해 평균 450개의 점포를 열었다. 2002년에는 점포 900개를 새로 열었고 폐쇄한 곳을 제외하면 2002년에만 630개가 증가했다.

일본 내의 세븐일레븐 점포는 모두 합쳐 만 개 정도가 있다. 1974년 5월에 도요슈(豊洲)에 세븐일레븐 1호점을 열었는데 당시 하루 평균 매출은 37만 엔 정도였으며 재고는 1300만

엔어치가 있었다. 그런데 POS시스템(Point of Sales System. 판매시점 정보관리 시스템)과 물품관리에 따르면 지금은 하루 판매 66만 엔, 재고는 그때보다 반이 줄어든 570만 엔이라고 한다. 세븐일레븐은 경영체질을 탄탄하게 개선하고 있다.

편의점에는 보통 3,000가지 품목의 상품이 진열되어 있다. 그 가운데 잘 팔리는 상품과 안 팔리는 상품을 분류해서 효율적인 판매를 꾀하는데 전부터 세븐일레븐에서는 방대한 전표를 수작업으로 정리해 날마다 판매동향을 분석했다고 한다. 생각만 해도 머리 아픈 작업이지만 물품관리와 POS시스템의 원점이 이런 수작업에 있다.

POS시스템이 판매에 기여하는 비율은 상당히 높다. 하지만 이런 편리한 시스템이 오히려 방해가 될 때도 적지 않다. 자료를 단순히 기록으로만 인식하면 미래가 보이지 않고 판매자의 처지에서 바라보기만 하면 성장은 멈추고 말 것이다.

스즈키 도시후미는 "편의점에서 판매하는 중국식 냉채는 여름이 제철인 음식이라 8월에 가장 많이 팔린다고 생각하기 쉬운데 사실은 그렇지 않다. 6월 하순부터 7월 상순까지 제일 잘 팔린다"라고 지적했다. 실제로 8월이 되면 중국식 냉채의 판매가 뚝 떨어진다.

왜 그럴까?

중국식 냉채에 싫증을 느끼기 때문이다. 최근 지구 온난화 현상으로 6월만 되어도 여름 느낌이 나자 이때부터 중국식 냉채를 찾는 고객이 아주 많다. 7월까지 중국식 냉채 붐이 계속되다가 8월에 접어들면서 매출이 떨어진다.

하루가 멀다하고 중국식 냉채를 먹다보면 싫증을 느끼는 것도 무리가 아니다.

그래서 스즈키 도시후미는 대체 상품의 개발을 명령했다. 예를 들면 된장으로 버무린 중화면을 개발했는데 이것이 폭발적으로 인기를 모았다. 실제로 불황이 아니라 제멋대로 불황이라고 규정해버린다는 그의 의견에 설득력이 느껴진다.

선택의 폭이 늘어나는 순간 판매는 증가한다

모든 사람은 목표를 정하고 중간에 현실을 살피며 궤도를 수정해서 살아간다.

그런데 사람의 판단 기준은 시시각각 바뀐다. 때로는 착각으로 크게 변화하기도 하며 이것을 비즈니스에 전략적으로 활용하는 사람도 많다.

모 백화점에서 고급 오리털이불을 판매하고 있다. 몇 년 전에는 만 8,000엔, 5만 8,000엔, 두 종류 제품을 판매했는데 가격이 비싼 쪽은 거의 팔리지 않았다. 여기에 3만 8,000엔짜리 제품을 추가하자 5만 8,000엔인 오리털이불이 제일 잘 팔리게 되었다.

상품 자체는 전과 다름이 없었다. 가장 비싼 제품과 저렴한 제품 사이에 중간 가격의 제품을 하나 추가한 것뿐이었다. 하지만 소비자의 판단은 완전히 다르게 나타났다.

"경제학적으로는 설명할 수 없다. 이것은 심리학적인 문제다. 만 8,000엔짜리 상품과 5만 8,000엔짜리 상품 둘 중의 하나를 선택해야 할 때는 가격 차이가 너무 벌어져서 비교, 검토가 어렵다. 이럴 때는 아무래도 싼 쪽에 손이 가게 된다. 여기에 중간 가격의 제품을 추가하면 3종류를 비교하기 쉬워진다."

한마디로 비교, 검토할 수 있는 대상이 주어진다는 말이다.

그렇다면 비교, 검토할 때 이것저것 아주 많은 편이 더 좋지 않을까? 하지만 사람은 너무 많은 것보다는 3종류가 있어야 안정된 느낌을 갖고 판단할 수 있다.

3은 안정된 느낌을 주는 수로 셋 중에 하나를 선택하는 것과 둘 중의 하나를 선택하는 것은 느낌이 완전히 다르다. 예를 들어 일본인은 뱀장어덮밥, 튀김덮밥, 초밥 중의 하나를 선택하기 좋아하는데 초밥은 가격에 따라 송(松), 죽(竹), 매(梅), 3종류가 있으며 쇠고기덮밥은 특대, 대, 보통 가운데 하나를 선택한다. 서양인이라면 스테이크가 구워진 정도에 따라 레어(rare), 미디엄(medium), 웰던(well-done), 3종류 가운데 선택한다. 이것은 경험법칙으로 3종류가 있어야 선택의 폭이 넓다는 착각을 하게 된다.

중국인은 어떻게 생각할까? 해답은 ≪노자(老子)≫에서 찾을 수 있다. 제42장에 '도(道)는 일(一)을 만들어내고, 일은 이(二)를 만들어내며, 이는 삼(三)을 만들어내고 삼은 만물(萬物)을 만들어낸다'는 말이 있다. 삼이 되는 순간 만물로 발전한다는 의미다. 중국에는 '백발삼천장(白髮三千丈. 근심이 계속 끊이지 않음을 비유한 말-역주)'이라는 다소 과장된 말도 있다. 사람의 뇌는 3종류가 되면 선택의 폭이 늘었다고 판단한다.

비즈니스를 하는 경우 꼭 기억해야 할 것이 안정된 느낌으로 선택의 폭이 아주 넓지는 않아도 된다. 안정된 느낌은 긍정적인 판단을 도와준다. 논리가 아니라 감정의 세계에 해당되는 이야기다. 머릿속으로만 이렇다 저렇다 생각해봤자 정확한 판단은 불가능하다. 마음이 따라줘야 한다. 판단해야 할 대상은 항상 변화하고 판단도 시시각각 달라진다.

'이건 어떨까?'라며 상식을 의심하는
능력을 발휘하라

우수한 비즈니스맨은 직관력이 뛰어나다. 정확히 말하면 직관력이 뛰어나기 때문에 우수한 것이다.

그들은 모든 것을 감시하지는 못하지만 그렇다고 하나에 집착하지도 않는다. 세븐일레븐의 스즈키 도시후미가 중국식 냉채만 살펴보지는 않았을 것이다. 방대한 상품 가운데 '왜 이건 8월이 되면 매출이 떨어질까?' 라는 부분을 점검하다가 중국식 냉채를 발견했을 것이다.

물품관리의 비결은 '의문' 이라는 문제의식이다.

자료 전체를 멍하게 봐서는 깨달음을 얻을 수 없을뿐더러 기껏해야 정보의 홍수 속에서 허우적대는 정도에 그칠 수밖에 없다. 스스로 주제를 인식하고 정확하게 파악하고 있어야 문제점을 발견할 수 있다. 구체적인 주제를 하나 선택해서 자세히 관찰하면 누구나 가능한 일이다.

직관력이 뛰어나서가 아니라 날마다 구체적인 주제를 갖고 일하고 있기 때문에 좋은 성과를 거두는 것이다.

스즈키 도시후미는 이런 말을 했다.

"문제의식 없이 보는 자료는 단순히 숫자가 나열된 것에 지나지 않는다."

확실히 그렇다.

나는 연말에 우에노(上野) 오카치마치(御徒町)의 아메요코(ア メ横)에 가서 손님에게 줄 새해 선물을 구입한다. 뭐든지 양이

많고 싸기 때문에 고객이 끊임없이 몰려든다. 해마다 텔레비전에서 연말 풍경을 보여줄 때 이곳을 찾아오므로 알고 있는 사람이 많을 것이다.

아메요코는 대량 구입과 판매로 유명한 곳으로 저렴한 물건도 당연히 많다. 물건을 한꺼번에 구입하면 싸기 때문에 이익이라고 생각하는 고객도 있다. 하지만 사실 아메요코에서 물건을 구입하는 고객은 손님이 많이 오는 가정이나 상인이다.

일반 가정에서는 아무리 저렴하다고 해도 양이 너무 많으면 비싸게 구입한 것이나 마찬가지가 되어버린다. 최근에는 혼자 사는 사람이 굉장히 많아졌다. 편의점은 혼자 사는 사람이 많은 지역일수록 매출이 높다고 한다. 아무래도 편의점을 냉장고 대신이라고 생각하기 때문인 것 같다.

요즘은 아메요코에서 대량으로 새해 물건을 구입하는 가정이 거의 없다. 새해 첫날에도 슈퍼마켓이 영업을 하는 시대로 설날 음식에 쓰이는 검은콩을 150그램 포장에 넣어 팔면 아무리 싼값이라도 구입하는 사람이 별로 없다. 하지만 무게를 달아서 파는 순간 매출은 단숨에 증가한다.

필요한 만큼 구입하는 편이 유리하다고 생각하는 고객이 점점 늘어나고 있기 때문이다. 초콜릿이나 포테이토칩 중에는 작게 나누어서 포장한 제품이 많아졌다는 것이 그 증거다.

'잘 팔리고 있기 때문에 안심이다가 아니라 그래서 무섭다'고 생각한다

스즈키 도시후미는 사물을 보는 관점과 사고방식이 독특하다. 그는 평범한 사람과 다른 판단 기준을 갖고 있다.

예를 들어 편의점에서 고객이 좋아할 만한 맛있는 음식을 판매하면 주문이 크게 늘어난다. 잘 팔리는 상품 덕분에 덩달아 점포 매출도 증가한다.

대개 '맛있는 음식은 잘 팔리는 상품이며 잘 팔리는 상품은 영원히 돈을 벌 수 있는 상품'이라고 판단한다. 그래서 이 상품이 절대로 품절되지 않도록 주의를 기울이고 좀 더 많이 팔기 위해 노력한다.

하지만 스즈키 도시후미는 '맛있는 음식은 싫증이 나는 상품이며 싫증이 나는 상품은 무서운 상품'이라고 판단했다. 맛있기 때문에 모든 사람이 주문하지만 계속 먹으면 아무리 맛있어도 물리게 된다는 말이다.

상품은 부가가치가 높은 것일수록 싫증이 나기 쉽다. 게다가 상품의 유통기한도 문제가 된다.

① 맛있는 음식 × 시간, 횟수 = 돈을 번다
대부분의 사람은 돈을 번다고 판단한다.

② 맛있는 음식 × 시간, 횟수 = 싫증이 난다

이렇게 판단하는 사람은 붐에 연연해하지 않고 정확한 경영 대책을 세울 수 있다.

'잘 팔리고 있기 때문에 안심이다' 가 아니라 '이렇게 잘 팔려도 괜찮은가?' 라고 생각한다.

마쓰시타전기산업의 창업자 마쓰시타 고노스케는 주역(周易)에 있는 '상황이 좋을수록 어려움을 잊지 마라' 는 말을 자주 인용했다고 한다.

"땅값은 점점 오른다. 닛케이 평균지수(Nikkei stock average)가 4만 엔에서 5만 엔, 아니 10만 엔이 되는 것도 꿈이 아니다."

불과 10년 전까지만 해도 경기가 좋다는 말을 여기저기서 했다.

금융기관에서는 땅이라면 면적이 작더라도 기꺼이 대출을 해주었으며 주식도 마찬가지였다. 그때는 본업을 망각하고 부동산투기에 열을 올렸던 최고경영자도 많았다. 그래서인지 최고경영자가 주식투자를 하지 않으면 어리석다는 이야기까지 있었으며 재무담당자는 사내에서 의기양양하게 다녔다.

지금 생각해보면 그 시절에는 일본 경제가 점점 좋아지리라는 백일몽에 취해있었던 것 같다.

당시 유명한 투기꾼이었던 고레카와 긴조(是川銀藏)는 "나로서는 예상치 못한 일이 벌어졌다"며 자신이 갖고 있던 주식을 모두 처분했다. 거품경제가 붕괴한 것은 그 직후였다.

투자할 자금과 땅은 있지만 하지 않겠다고 판단하는 사람은 드물다. 유혹에 흔들리지 않고 자신의 길을 갈 수 있는 사람은 자신의 철학을 갖고 있는 사람이다. 단순히 머리가 좋다거나 경영학석사(MBA)라고 해서 옳은 판단을 하는 것은 아니다.

결단을 내리지 못하는 리더 밑에서는 일하기가 어렵다

대세를 따르기만 하고 스스로 상황을 판단하지 못하는 사람이나 큰 목소리에 눌려 판단을 번복하는 사람이 꽤 있다.

이렇게 판단력이 결여된 사람을 보면 '누에'가 떠오른다. 누에는 뽕나무 잎을 먹고사는 벌레로 앞에 가는 누에의 뒤를 따라 줄지어 기어가는 습성이 있다. 앞에 있는 누에가 리더십이 있기 때문이 아니라 어쩌다 보니 그렇게 되었을 뿐이다.

장난치기 좋아하는 어떤 사람이 앞에 있는 누에를 집어들어 제일 뒤에 있는 누에에 연결시켜 무리가 원형이 되게 만들었다. 이제 선두가 없어졌다. 그러니까 리더도 부하도 없다는 것이다.

누에 무리는 같은 장소를 빙빙 돌기만 했다. 원 중심에 누에가 아주 좋아하는 뽕나무 잎을 두었지만 계속해서 원을 그리고 있었다. 그러다 지쳐 더는 기어갈 수 없게 되었다.

바로 몇 센티미터 떨어진 곳에 좋아하는 뽕나무 잎이 잔뜩 쌓여있는데도 누에는 그만 굶어죽고 말았다.

도대체 왜 이런 현상이 일어난 것일까?

'빨간불이라도 모두 함께 건너면 무섭지 않다' 는 말이 있다.

판단력이 결여된 리더, 권한이 있는데도 의사결정을 내리지 못하는 리더, 이런 리더가 이끌어 가는 조직은 누에와 같은 결과를 맞이하게 된다. 아무런 주관 없이 남의 의견이나 행동을 따르는 것의 무서움이다.

'왜 빨간불에 건널까? 그 이유는 알 수 없다'

이런 사람들만 모여 있는 조직은 오합지졸(烏合之卒. 아무 규율도 통일도 없이 몰려 있는 무리)에 지나지 않으며 회의는 혼란스럽기만 할 뿐 아무런 도움이 되지 않는다.

설령 잘못된다고 해도 신속하게
판단을 내리는 편이 좋다

판단을 내리지 않으면 일이나 비즈니스가 잘 진행되지 못한다.

할까 말까, 도대체 어느 쪽을 선택해야 할까? 만일 한다면 언제 어떻게 누가 해야 할까? 결정해야 할 일은 아주 많다.

일을 할 때는 먼저 주장을 확실히 밝혀야 한다. 앞뒤를 따지고 망설여봤자 아무것도 결정되지 않는다. 결단을 내리지 않고 자꾸 미루면 쫓아가는 사람은 당연히 불안해진다.

최상의 판단은 아니라고 해도 어느 한쪽을 선택해야 앞으로 나아갈 수 있다.

나는 한때 전혀 결단을 내리지 못하는 리더 밑에서 일했던 적이 있는데 노이로제에 걸릴 정도로 몸과 마음이 피곤했다. 비즈니스맨은 일이 만족스럽게 진행되지 않을 때 가장 괴롭다. 할까 말까 망설이기만 하고 판단을 내리지 않는 상사 밑에서 일하는 부하는 의욕이 나지 않고 그저 초조하기만 하다.

물론 틀에 박힌 일은 여기에 해당되지 않는다. 지금까지 하던 방식으로 계속하면 되기 때문에 굳이 판단할 필요 없이 순조롭게 일이 진행된다. 하지만 새로운 비즈니스나 신규 거래를 할 때는 어떻게든 결단을 내려야 한다. 그런데도 계속 망설이는 상사가 있다.

'저 사람은 아무리 기다려도 안 돼.'

부하 가운데 눈치 빠른 사람이 신속하게 일을 진행하려고 하면 상사는 자존심이 상한 듯 몹시 화를 낸다. 하지만 상사의 판단을 기다리다가는 시기를 놓칠 수가 있다. 무슨 일이든 때가 있고 기한이 있다.

"자료를 좀 더 모은 후에 판단을 내리고 싶다."

"다시 한번 이야기를 자세히 해 달라."

상대방은 비즈니스이므로 참고 기다리지만 점점 혐오감을 가지게 된다. 그리고 '이 사람이 정말로 결정권을 갖고 있을까?'라며 의심한다. 부하도 마찬가지 생각을 한다.

마음속으로 '잘못되어도 좋으니까 빨리 결정해 달라'고 빈다.

괴테는 첫 단추를 잘못 끼우면 마지막 단추는 끼울 구멍이 없다고 말했다. 결단을 내리지 못하는 리더 밑에서 일해 본 내 경험에 비추어볼 때 설령 첫 단추를 잘못 끼운다고 해도 '잘못되었다!'고 판명되는 순간 다시 시작하면 된다. 잘못될까 두려운 나머지 아무것도 하지 않고 시간만 보내는 것보다 훨씬 낫다.

나는 초조하게 기다리기보다는 기꺼이 다시 하는 편이 낫다고 생각한다.

비즈니스는 신속함이 중요하다. 심사숙고한 후 일을 단행하는 사람은 그래도 괜찮다. 하지만 심사숙고할 능력도 없고 일을 단행할 용기도 전혀 없이 자꾸 일을 뒤로 미루는 사람은 비즈니스맨으로서 자격이 없다.

'최상의 판단'은 시시각각 달라진다

판단은 시시각각 달라진다. 시간의 흐름과 함께 전에는 옳았던 판단이 역효과를 내거나 기한을 넘기기도 한다.

예를 들어 거품경제 전과 같은 인플레이션시대에는 빚을 내서 땅을 구입할 수 있었다. 돈의 가치보다도 땅으로 대표되는 부동산의 가치가 훨씬 높았기 때문이다. 많은 사람이 빚을 내서 땅을 구입했고 당시에는 가장 합리적인 판단이었다.

하지만 지금은 상황이 완전히 달라졌다. 빚을 내서 땅을 구입해도 가격이 오르기는커녕 내려갈지도 모른다. 금리가 오를 가능성도 있으므로 도저히 빚을 낼 엄두가 나지 않는다.

예전의 판단 기준이 역전한 셈이다. 하지만 부동산과 같은 장기적인 상품에 투자할 때 인플레이션시대에는 대량으로 사들인다는 판단도 성립한다. 실제로 이렇게 생각하는 투자가가 많다.

최상의 판단은 시시각각 달라진다는 뜻이다.

'도대체 어떻게 판단하라는 말인가!' 라고 생각하는 사람도 있을 것이다.

그러니까 시간의 흐름을 염두에 두고 판단하라는 말이다.

단순히 무엇이 옳은가가 아니라 '지금' 혹은 '내일', '6개월 후에는', '3년 후에는', '5년 후에는' 무엇이 옳은지 생각해야 한다.

구체적인 사례가 있다. 내가 고문으로 있는 회사에서 몇 년 후에 주식을 상장한다는 계획을 세웠다. 이 회사는 벤처기업 가운데 하나로 최고경영자가 지닌 빛나는 기술 덕분에 몇 년 동안 놀랄 만큼 발전했다. '업무 확장을 위해 미래의 간부후보를 모집하고 싶다' 는 이야기가 나왔는데 나도 면접관으로 참석했다. 말하자면 경력사원을 채용하기 위해서다.

전체 응시자 가운데 서류전형으로 10퍼센트를 추려내고 면접을 몇 번 치른 후 최종적으로 10명을 선발한다는 계획이었다.

이력서를 살펴보았는데 성장하는 기업답게 우수한 '인재' 가 대거 지원했다. 불과 몇 년 전까지만 해도 상상하기 어려울 정도로 높은 능력의 소유자들이었다. 새삼 지금이 불경기임을 실감했다.

그런데 재미있게도 간부들이 합격시킨 지원자는 하나 같이 고학력자로 이른바 일류대학을 졸업했거나 유학을 다녀왔으며 경영학 석사도 몇 명 있었다. 전에 다니던 직장도 금융기관 등 거의 다 대기업이었다.

"컨설턴트 회사라도 차리려고?"

이런 농담이 나올 정도였다. 정말로 내가 하고 싶은 말은 "2003년에 입사한 사람과 그 전에 입사한 사람은 완전히 다른 인종이다", "두 종류의 기업문화가 존재하는 듯하다"는 것이다.

학력과 경력에 열등감을 지닌 관리자 쪽에서는 고학력 경력사원의 채용이 기쁠 수도 있겠다. 하지만 고학력자만 모아두고 도대체 누가 일을 시키겠다는 말인가? 채용은 회사의 미래와 관련되어 있는 중요한 과제이므로 좀 더 냉정하게 판단했어야 했다.

"우리 회사와 맞지 않는 유형만 채용했다. 이대로 두면 오히려 그들의 인생을 망쳐놓는 셈이 되지 않을까?"

창업자의 판단은 역시 무언가 달랐다.

"경력사원은 당신 팀에 합류할 것이다. 함께 일할 수 있는 인재인지 당장 일할 수 있는 능력이 있는지 판단하기 바란다."

회사 간부들은 5년 후, 10년 후를 내다보고 인재를 채용하려고 했지만 회사에서는 '현재', '함께', '당장 일할 수 있는 능력'을 지닌 인재를 원했다. 결과적으로 전혀 다른 인재만 뽑은 셈이 되었다. 하지만 나름으로 의미는 있다.

일 잘하는 사람은 '정답'에 이르는 세 가지 방법을 갖고 있다

나는 일 관계로 일러스트레이터와 북디자이너 몇 명을 알고 있다. 그런데 인기가 있는 유형과 인기가 없는 유형은 대조적인 특징이 있다.

과연 무엇일까?

인기가 있는 유형은 고객의 요구를 들으면 적어도 4종류에서 7종류는 제안해준다. 아주 바쁘더라도 여러 가지 그림을 그려서 보여준다. 반면 인기가 없는 유형은 고객에게 한두 종류만 제시한다.

어차피 그 가운데 하나만 채택되므로 인기가 없는 유형 쪽이 어쩌면 더 효율적인지도 모른다. 이들은 자신의 대표작만 제안하면 된다고 생각한다.

그런데 인기가 있는 유형은 최소 4종류에서 7종류까지 그려온다.

'이런 일은 아주 좋아해야 가능하겠다'며 감탄하는데 이야기를 들어보면 그렇지도 않은 듯하다.

"느낌이 다른 그림을 최대한 모두 그려요. 그 다음은 고객의 판단에 맡깁니다. 일러스트는 이쪽이 좋지만 색깔은 저쪽 느낌이 좋지 않은가, 라며 고객이 거꾸로 제안할 때도 많아요."

결과적으로 이들은 10종류 정도의 그림을 그리게 된다. 쓸데없이 에너지를 낭비한다고 생각하기 쉽지만 그림을 많이 그릴수록 주문이 많아진다고 한다.

편집자가 결단을 내리지 못할 정도로 여러 가지 유형을 제안하는데 하나 같이 인기를 얻을 만하고 높은 평가를 받을 수 있는 인상적이고 높은 수준의 그림이다. '이 사람은 이런 그림도 그릴 수 있구나'라고 생각하고 다른 영역이나 주제도 주문한다. 그러니 결과적으로 인기가 높고 일이 많으며 늘 바쁜 것이다.

만일 하나만 제시하면 작가, 편집자, 판매담당자의 마음에 들지 않아도 선택의 여지가 없으므로 그것을 사용하게 된다. 당장은 편할지 모르지만 이런 사람에게는 다른 일이 들어오지 않을 확률이 높다.

초보는 에너지를 쏟는 것을 아까워하지만 자신의 일에 목숨을 거는 사람은 그렇지 않다. 이것은 비즈니스맨도 마찬가지인데 제대로 투자도 하지 않으면서 커다란 대가를 바라는 사람이 있다.

내가 정말 하고 싶은 말은 물론 판단력에 대해서다.

좀 더 나은 판단을 하고 싶다면 정답에 이르는 과정은 한 가지만 있는 것이 아니라는 사실을 꼭 기억하기 바란다. 최소한 세 가지 관점에서 판단해야 한다.

① '최악'의 상황을 가정해서 판단한다
② '최선'의 상황을 가정해서 판단한다
③ '가장 확률이 높은 상황'을 가정해서 판단한다

정답에 이르는 길은 세 가지가 있다. 문제 하나에 대해 한 가지 방안만 내놓는 행동은 "나는 에너지를 쏟는 것이 아깝다"라고 고백하는 것이나 마찬가지다.

'최악'의 상황을 가정해서 판단하고
'최선'을 다해 행동하라

지금부터 구체적으로 살펴보자.

① '최악'의 상황을 가정해서 판단한다

② '최선'의 상황을 가정해서 판단한다

③ '가장 확률이 높은 상황'을 가정해서 판단한다

'최악의 상황을 가정해서 판단'하는 것은 더 나빠지지 않도록 하려면 어떻게 해야 할까? 라는 관점에서 내리는 판단이다.

'최선의 상황을 가정해서 판단'하는 것은 꿈과 희망을 의미한다. 바꿔 말하면 일의 재미로 최상의 상황은 상상만 해도 기운이 난다.

'가장 확률이 높은 상황을 가정해서 판단'하는 것은 비즈니스 현장에서 제일 많이 나타나는 현상이다.

이 경우를 확실히 파악해서 대책을 충분히 세워두어야 하지만 그와 동시에 '최악'의 상황을 가정해서 판단하는 준비를 게을리 해서는 안 된다.

최고경영자와 상사, 책임자는 '가장 확률이 높은 상황'을 준비하고 그 다음에 '최악'의 상황을 가정해서 판단해야 한다.

그렇다면 '최선'의 상황을 가정해서 판단하는 일은 어떤 의미가 있는가?

이것은 '덤'이다. 이른바 '보너스'로 복권 당첨금과 같으므로 여기에 의지해서는 안 된다.

어리석은 지도자는 '최선의 상황을 가정해서 판단' 하는 것만으로 안심하고 '최악의 상황을 가정해서 판단' 하거나 '가장 확률이 높은 상황을 가정해서 판단' 하려고 하지 않는다. 최선의 상황을 상상하며 방심하다가 결국 최악의 사태를 맞이하고 나서는 당황해한다.

내가 영업부를 이끌어갔을 때의 일이다. 월말에는 결산을 하게 되는데 문제는 책임량(norma)을 달성했느냐 달성하지 못했느냐. 이것은 모든 영업사원의 과제이기도 하다.

회사경영에서 수치는 생명으로 잘못되면 큰 문제가 발생한다. 나는 부하에게 매출과 이익 예상을 보고 시킬 때 거래처마다 세 가지 가능성에 대해 수치를 제시하라고 한다.

① 최악의 수치(실현 가능성 10퍼센트 이하)
② 최선의 수치(실현 가능성 10퍼센트 이하)
③ 확률이 높은 수치(실현 가능성 80퍼센트)

그러면 나는 그들에게 수치 하나하나의 내용, 즉 신빙성이나 근거 등을 묻고 그 대답에 따라 수치를 조정해서 나름으로 예상 수치를 만들어낸다. 그러면 내 선에서 가장 실현 가능성 높은 수치가 나오게 된다.

'마음의 안전망'을 준비하고 있는가?

그런데 문제는 여기서부터다.

매번 그렇지만 예상 수치에 도달하지 못할 때가 많다. 워낙 책임량이 많아서 그럴 수도 있지만 이것은 변명에 불과하다. 주어진 책임량을 완수하지 못하면 영업사원으로서의 존재 의미가 없다.

그러면 어떻게 해야 할까?

상황이 좋지 않을 때를 대비해 미리 대책을 세워야 한다. 영업사원은 '최선의 상황을 가정해서 판단'하는 것만은 피해야 한다.

앞서 설명했듯이 이렇게 생각하는 것은 복권에 지나지 않기 때문이다. 맞히면 횡재하는 것이지만 맞히는 경우는 거의 없다. 그보다는 '확률이 높은 수치'를 확실히 파악하거나 '최악의 수치'를 가정해서 판단하며 여기에 대처할 수 있도록 준비하는 편이 낫다.

이를테면 경영의 '안전망(safety net)'을 설치하라는 말이다. 그런데 안전망이 찢어지면 어떻게 될까? 지옥에 떨어지게 된다.

내 경우 상황이 좋지 않을 때를 대비해 다음 달에 편성할 수치 가운데 앞당길 수 있는 것은 모두 준비해둔다. 일람표를 작성하고 있으므로 그 중에서 위급할 때 부족한 매출과 이익 분량을 끼워 넣으면 된다. 만일 내 사정으로 책임량이 부족한 경우 부하에게 부탁해서 잠시 전환하기도 한다. 실제 상황은 훨씬 더 혹독하다. 슬프지만 영업사원에게는 달성하기 쉬운 책임량이나 편한 달이란 영원히 없다. 지난달에 전환시킨 만큼 이번 달에 좀 더 노력해야 한다는 이야기도 듣는다.

결산을 하면 '최악의 수치'를 간신히 넘기고 보통은 '확률이 높은 수치'를 기록하는데 기적이나 요행으로 예상치 못한 매출을 올릴 때도 있다. 덕분에 다음 달에 편성할 수치를 앞당기지 않아도 된다.

이때 영업사원은 정말로 안심한다. 다음 달에 '0'에서 시작하는 최악의 사태에서 해방되기 때문이다.

철저히 준비해야 상황이 좋지 않을 때 안전망이 될 수 있다. 비즈니스맨은 이런 체험을 수도 없이 한다. 가게를 운영하는 사람은 좀 더 절실하게 느낄 것이다.

나는 전직과 독립을 통해 컨설턴트 업무를 비롯해 여러 가지 일을 했다. 그래서 무슨 일이든 반사적으로 '최악', '최선', '높은 확률', 3종류로 분류한다.

공과 사를 떠나 뭐든지 세 종류로 생각한다. 최악의 상황을 가정해서 생각하며 '아, 최악이라고 해도 이 정도구나'라며 대책을 세우는 단계에서 안심한다. 확실히 마음의 안전망이 되고 있다.

'최선을 추구하는 사람'과 '최악을 피하는 사람'은 판단 방식에서 크게 차이가 난다

어떤 판단을 할 때 최악에서 최선까지는 선택 범위에 어느 정도 거리감이 있다.

최선을 추구하는 사람과 최악을 피하는 사람은 목표가 완전히 다르다.

A를 실현하면 그 다음은 아무래도 상관없다는 사람이 있다. 반면 B, C, D, E 모두를 실현하면 A를 포기해도 좋다고 생각하는 사람도 있다. 두 사람이 차이가 나는 이유는 우선순위가 다르기 때문이다.

예를 들어 해외여행을 가서 쇼핑을 한다고 하자. 일본인은 상인이 부르는 값을 모두 주고 구입하므로 쇼핑이 서투르다는 이야기를 듣는데 최근에는 그렇지도 않은 모양이다. 간사이(關西) 지방 사람은 끈질긴 기질 때문인지 실랑이하는 상황이 자주 있다. 특히 동남아시아나 이집트, 중동지역을 여행할 때 시장에서 물건을 흥정하기 좋아한다.

어떤 가게든 '여기까지는 양보해도 괜찮다'는 기준이 확실히 정해져있다. 모든 사람은 최선을 추구하며 교섭한다. 구입하는 사람과 판매하는 사람 사이에 늘 벌어지는 일로 이것이 실랑이하는 모습으로 비쳐진다.

물건을 흥정하는 모습도 국민성에 따라 아주 다르게 나타난다. 상인이 부르는 값을 모두 주고 사는 국민은 거의 없고 어떻게든 값을 깎으려고 한다. 일본인의 경우 가격의 반으로 깎으면 성공한 축에 속하지만 대개 반값까지는 가지 못한 채 구입한다. 최선을 추구하기보다는 이 정도면 최악은 아니니까 여기서 끝내자는 국민성 때문이다.

반면 미국인은 느닷없이 가격의 반부터 흥정을 시작하며 인도인은 가격의 10분 1에서, 중동사람은 좀 더 낮은 가격에서 출발한다. 그런데 상인 쪽에서는 그래도 남는다며 뒤에서 혀를 내미는 것이 현실이다.

전에 아는 사람이 인도인과 비즈니스를 한 적이 있다.

여러 번 교섭을 했지만 상대의 요구가 너무 많았으며 이쪽 사정은 들으려고 하지 않았다. 상대가 말하는 대로 계약을 체결하면 손해가 막심하므로 도저히 받아들일 수 없었다.

'이 정도면 충분히 장점이 있는데…….'

아무래도 강하게 나가야겠다. 문을 나오기 전에 상대가 "잠깐 기다려요"라며 타협하려고 할지도 모른다. 하지만 예상치 못한 상황이 전개된다. 인도인이 말했다.

"안타깝지만 여기서 끝내야겠군요."

"협상은 결렬됐습니다. 이 계약은 없었던 것으로 하죠."

할 수 없이 그곳을 떠나려고 공항에서 수속을 밟고 있는데 인도인이 새 계약서를 갖고 달려왔다. 그는 연기를 해서라도 상대를 최대한 시험해서 비즈니스 교섭을 했던 것이다. 자신의 요구를 관철시키려는 상인 기질에서 비롯된 행동이다. 평범한 비즈니스맨이라면 "어쩔 수 없군"이라며 손을 들었을 것이다. 하지만 그렇게 되면 상대의 생각대로 되는 셈이다.

내가 아는 사람이 이번에 계약하지 않아도 괜찮다며 포기한 이유는 '아웃사이드 옵션(outside Option)'이 있었기 때문이다.

아웃사이드 옵션이란 설령 교섭이 결렬되어도 확보할 수 있는 선택의 폭을 의미한다.

그는 인도인과 처음으로 하는 교섭에서 그가 어떤 비즈니스를 하는지 배우기만 해도 괜찮다고 생각했다. 계약이 체결되면 좋지만 결렬된다고 해도 정보를 얻는 것으로 만족하기로 했다. 그래서 자신이 원하는 선에서 해결될 때까지 끝까지 밀고 나가겠다고 판단했다.

이런 기개가 없으면 적의 손에 모두 넘겨주게 된다. 상대는 항상 최선을 추구하며 끝까지 노력한다. 집념과 열정, 박력에 밀려 '이제 됐다. 최악을 피할 수 있으면 다행이다' 라고 생각의 방향을 바꾸는 순간 교섭은 상대의 페이스대로 진행된다.

인생과 비즈니스는 사소한 판단 착오가 돌이킬 수 없는 실패를 가져오므로 주의해야 한다.

'궁하면 통한다' 라는 말이 있는데 정확히 이야기하면 '궁하면 바꾸고 바꾸면 통하고 통하면 영원하다' 다. 이미 짐작하고 있듯이 '바꾼다' 가 핵심이다. 궁할 때 그곳에 머물면 아무런 성과도 얻을 수 없다. 변화는 도약의 기폭제다.

2

5가지 과정을 거치면 반드시
올바른 판단을 내릴 수 있다

누구나 할 수 있는 비즈니스라서 망한다

인생과 비즈니스는 판단의 연속이다. 매일 같이 판단력을 시험받고 있다고 해도 과언이 아니다.

앞서 설명했듯이 판단 하나로 천국과 지옥이 갈릴 때가 많다. 지옥까지는 떨어지지 않더라도 어쨌든 손해를 보는 경우가 많다.

'그때 그렇게 했어야 했다.'

'왜 그렇게 하지 않았을까…….'

끊임없이 후회한다.

어떤 사람이 꿈에 그리던 독립을 이뤄냈다. 하지만 꿈과 같은 시간은 단 6개월뿐이었다.

"독립하면 좋아하는 일도 하고 시간도 자유롭게 사용할 수 있으리라 생각했다. 그런데 막상 독립하고 보니 매출을 올리기 위해서는 좋아하는 일을 할 수가 없었다. 회사원은 일주일에 2번 쉬는데 나는 매일 아침부터 밤까지 쉬지 않고 일한다. 예전이 더 좋았다."

그는 인터넷에서 건강식품을 판매하는 일을 하는데 불황이라서 가격 경쟁이 치열했다. 이익은 점점 줄어들었고 광고에 자금을 투자하려고 해도 밑천이 바닥나서 어쩔 수가 없었다. 상황은 매출 감소로 더욱 악화되어갔다. '이럴 줄 알았으면 독립하지 말 걸 그랬어…….' 라며 후회할 때가 많았다. 그는 앞으로 어떻게 상황을 개선해야 할지 모르겠다고 했다.

왜 이런 상황이 발생했을까? 역시 노력이 부족했던 것일까? 그럴지도 모른다.

경영능력이 부족했기 때문일까? 그럴지도 모른다.

비즈니스를 잘못 선택했던 것일까? 그럴지도 모른다.

아무래도 독립 시기가 잘못되었던 것이 아닐까? 그럴지도 모른다.

실패의 원인을 찾아보면 '판단 착오'에 있다. 그럴지도 모른다.

왜 하필이면 이 일을 선택했을까? 여기에 판단 착오가 있다.

부동산 업자에게 들은 이야기인데 생라면 전문점은 항상 매물이 있다고 한다. 누구나 빨리 열 수 있는 대신 포기하기도 쉽기 때문인데 가게를 빌릴 때 설비까지 모조리 빌릴 수 있다. 사람들이 생라면 전문점이란 비즈니스로 쉽게 돈을 벌 수 있다고 여기는 듯하다.

"여차하면 생라면 전문점이라도 열어야겠다."

회사원에서 벗어나고 싶은 사람은 종종 이런 말을 한다. 하지만 성공은 그리 쉽지가 않다. 성공을 하려면 남과 다른 일을 해야 한다. 그리고 남과 다른 판단을 해야 한다.

성공을 위한 판단방법

누구나 쉽게 뛰어들 수 있는 비즈니스나 업계일수록 경쟁이 치열하다.

맛있는 꿀에 벌들이 날아오듯 출판업계에서는 어떤 기획이 성공하면 계속해서 비슷한 종류의 책을 세상에 내놓는다. 모방 상품이 효과가 있는 것도 한순간에 지나지 않는다. 재탕, 삼탕인 책에 고객은 금세 싫증을 느끼고 눈길조차 주지 않게 된다.

생라면 업계에 쉽게 뛰어들었다가 바로 포기하는 것도 어쩌면 당연하다. 비단 생라면에만 국한되는 이야기가 아니다.

인터넷 업계는 미래의 일본을 이끌어갈 산업 가운데 하나라고 총리가 이야기하자 순식간에 주가가 폭등했다. 이른바 IT 열풍으로 성장률도 높고 시대 흐름과도 일치했기 때문에 사람들이 한꺼번에 몰려들었다. 그 결과 누구나 참여할 수 있는 업계가 되었으나 경쟁은 더욱 심해졌다. 파산하는 기업이 줄을 이었고 IT 거품은 허무하게 사라졌다.

누구나 참여할 수 있기 때문에 안심이 아니라 누구나 참여할 수 있기 때문에 무서운 것이다. 확실한 전략을 세우지 않는 한 머지않아 실패하고 만다.

'누구나 참여할 수 있다'는 의미와 '지금 주목받고 있다'는 사실을 어떻게 판단해야 할지가 중요하다.

이때 판단 기준은 크게 세 가지가 있다.

① 좋아. 지금 가면 마지막 버스를 탈 수 있을지도 몰라. 그러니까 무조건 참여한다.

② 이미 늦었어. 참신한 부가가치가 없으면 이길 수 없다. 참여한다고 해도 신중하게 생각한 후 결정해야 한다.

③ 정반대의 시장을 개척해보자.

마지막 버스를 겨우 잡아타고 나름대로 장점을 누릴 수도 있다. 하지만 대중매체에서 떠들어댈 때가 절정이고 그 다음에는 순식간에 열기가 수그러든다. 따라서 후발주자가 많을수록 ②나 ③을 선택해야 하는데 그 중에서 조금이라도 가능성이 있는 것은 ②다. 부가가치가 있으면 높은 가격으로 승부를 할 수 있기 때문이다.

③은 크게 성공하거나 실패하거나 둘 중에 하나다. 예를 들어 낚시를 생각해보자. 눈앞에 고기가 많이 잡히는 낚시터가 있다. 하지만 그곳에는 먼저 도착한 몇몇 사람이 조용히 낚시를 하고 있다. 지금 뛰어들어봤자 피라미밖에 남은 것이 없다. 그렇다고 다른 낚시터를 찾기도 무리가 있다.

어떻게 해야 큰 물고기가 있는 낚시터를 발견할 수 있

을까?

그곳과 정반대의 시장을 공격해야 한다. 같은 방법이라도 괜찮지만 시장은 바꿔야 한다.

'반드시 성공한다!'고 판단하는 비밀

지금부터 구체적으로 살펴보자. 세속적인 소재이기는 하지만 유흥업계를 예로 들어 설명하겠다.

'시부야(澁谷) 유흥업계의 거물'로 알려진 학력도 자금도 인맥도 없는 32세의 남자가 있다.

그는 유흥업계에서 커다란 성공을 거두고 거기서 터득한 노하우로 일본 전역으로 사업을 확대했다. 물론 합법적으로 운영하고 있으며 자신의 사업을 시작한 후 10년 동안 전혀 문제를 일으키지 않았다는 자부심이 대단하다.

18세 때 큰 사업에 손을 댔다가 엄청난 빚을 졌던 그는 스포츠신문에 게재될 만한 일은 모두 했고 결국 유흥업계에 뛰어들었다. 그는 '성숙미'를 내세운 유흥업소를 계획했다.

이 업계에서 잔뼈가 굵은 사람 밑에 들어가 우에노(上野), 우구이스다니(鶯谷) 등 야마노테선(山手線) 동쪽의 번화가에서 일을 배웠다. 그곳에서 철저하게 노하우를 익히고 '이 사업을 시부야에서 시작하고 싶다'고 생각했다.

왜 시부야에서 비즈니스를 시작하려고 했을까?

여기에는 두 가지 이유가 있었다. 하나는 이 업계에서 독립하려면 다른 곳으로 시장을 바꿔야 하는데 만일 그렇게 하지 않으면 이제껏 신세를 졌던 사장과 상권에 타격을 주기 때문이다.

다른 이유는 당시 시부야에는 젊은 여자를 내세운 유흥업소는 많았지만 '성숙미'를 내세운 곳은 전혀 없었기 때문이다.

유흥업소 홍보를 전문으로 하는 대리점 몇 곳에서 "시부야는 젊은이의 거리다. 그곳에서 성숙미를 내세우면 틀림없이 실패한다. 지금까지 아무도 시도하지 않았다는 것이 그 증거다. 그만두는 편이 좋겠다"라고 조언했다. 하지만 그는 승산이 있다고 보았다.

성공한다고 판단한 이유는 세 가지다.

① 욕망과 상권은 관계가 없다

우에노와 시부야의 번화가는 다른 장소이지만 인간의 욕망에는 차이가 없다. 어디서 비즈니스를 시작하든 마찬가지이므로 시장을 바꿔도 성공하리라고 생각했다.

② 오직 하나가 아니면 이길 수 없다

시부야는 젊은이의 거리라고 정석대로 판단해서는 안 된다. 수많은 유흥업소 가운데 앞서나가기 위해서는 다른 가게와 차별화된 서비스를 제공해야 한다. '여러 곳 중에 하나' 일 때는 경쟁을 해도 이길 수 없다. '오직 하나' 일 때 비로소 존재 의미가 있다. 젊은이의 거리이기 때문에 '성숙미'로 승부해서 이길 수 있지 않을까?

③ 오직 하나이기 때문에 가격을 주도할 수 있다

가격 경쟁이 시작되면 자금이 없는 그로서는 승산이 없다. 부가가치가 높은 서비스와 비싼 가격으로 하루하루 건전한 현금흐름(cash flow. 기업 활동을 통해 나타나는 현금의 유입과 유출)의 경영을 실현한다. 현금이 있으면 예산에 선전비를 편성할 수도 있다. 부가가치가 있는 경영이란 높은 가격을 매겨도 고객이 끊임없이 찾아오는 비즈니스를 말한다.

그런데 그는 어떻게 되었을까?

부를 움켜쥔 시부야 유흥업계의 거물은
'반대 의견을 지닌 사람' 이다.

결론부터 말하면 사업은 그의 생각대로 성공했다. 그가 '상식을 파괴한 풍운아' 라고 불리는 것도 이해가 된다.

그의 사업이 성공하자 다른 유흥업소에서도 그대로 모방한 서비스를 시작했다. 하지만 이런 곳이 대거 등장했다가 순식간에 자취를 감추었다. 물론 돈을 번 곳도 있지만 그렇지 못한 곳이 훨씬 더 많다. 하지만 주변에서 모방을 시작하자 그는 좀 더 부가가치가 있는 서비스를 제공했다.

그가 운영하는 곳은 일반 회사와 비슷하다. 출근은 정오이지만 밤에는 오후 9시까지 영업한다.

세무서 직원도 믿기 어려워할 정도로 세금도 잘 내고 영업시간도 철저히 지켰다. 이 업계는 탈세의 온상이라고 불려지는데 이런 사람도 있다며 놀라워했다.

그가 성공한 이유는 전적으로 창업자 효과를 보았기 때문이다. '아무도 하지 않기 때문에 위험하다'가 아니라 '아무도 하지 않으므로 기회다' 라고 생각했기에 성공할 수 있었다.

그와 같은 판단 유형을 '반대 의견을 지닌 사람(contrarian)' 이라고 부른다. 앞서 소개했듯이 속칭 '악귀', '심술쟁이' 라고 하며 일부러 남과 다른 일을 하는 사람을 가리킨다. 하지만 안타깝게도 이런 판단을 하는 사람은 거의 없으며 그렇기 때문에 크게 성공하는 것이다. 성공하는 사람이 도처에 널려 있을 리 없지 않은가?

그와 같은 사람을 보고 있으면 판단력은 성격과 깊이 관련

되어 있다는 생각이 든다. 이 세상 모든 일이 기회라고 생각하는 사람이 있는 반면 전부 위험이라고 여기는 사람이 있다.

'아무도 한 적이 없다'고 할 때 이것을 기회라고 판단하는가, 위험이라고 판단하는가에 따라 성공은 좌우된다.

사람들이 금을 캐려고 금광으로 몰려들었다. 이제 와서 삽을 들고 뛰어 가봤자 원하는 것을 얻기 힘들다. 그렇다면 곡괭이와 삽 등을 팔면 된다. 금광에서 하는 일은 거칠기 때문에 바지가 쉽게 찢어진다. 그래서 텐트 소재를 이용한 바지가 개발되었다. 이것이 리바이스라는 세계적인 브랜드의 탄생 배경이다.

위기라고 판단하는가, 기회라고 판단하는가?

기회와 위기는 항상 함께 찾아온다. 위험을 무릅쓰지 않으면 기회는 없다. 궁지에서 벗어나기 위해서는 위험을 감수하는 과정을 거쳐야 한다. 위험에 맞설 용기가 있어야 비로소 '위기 뒤에 기회'라는 말이 현실이 된다.

'궁하면 통한다'라는 말이 있는데 정확히 이야기하면 '궁하면 바꾸고 바꾸면 통하고 통하면 영원하다'다. 이미 짐작하고 있듯이 '바꾼다'가 핵심이다. 궁할 때 그곳에 머물면 아무런 성과도 얻을 수 없다. 변화는 도약의 기폭제다.

기회는 좀 더 도약할 수 있는 시기다. 기회라고 판단했을 때 어떻게 하면 그 기회를 최대한 살릴 수 있을까, 위기라고 판단했을 때 어떻게 하면 위기를 최소한으로 줄이고 기회로 바꿀 수 있을까, 생각한다. 그러면 다른 기회가 찾아온다. 이 것이 중요하지만 대개는 그렇게 생각하지 않는다.

기회라고 보았을 때는 방심하고, 위기라고 보았을 때는 너무 두려워한 나머지 위축되어 움직이지 못한다. 즉, 사고가 정지되는 것이다. 이래서는 바꿀 수도 없고 통할 수도 없다.

양명학자인 장영(張詠)이 이런 말을 했다.

"일을 할 때는 세 가지가 중요하다. 첫째, 잘 보아야 하고 둘째, 잘 실행해야 하고 셋째, 딱 잘라 결정해야 한다."

무언가 이루기 위해서는 반드시 세 가지 과정을 거쳐야 한다. 이 과정을 통과해야 성공할 수 있다. 먼저 대상을 잘 보아야 한다. 정보력과 관찰력을 구사해서 차분히 본다. 다음에 본 것을 총동원해서 행동한다. 실천하지 않으면 아무것도 생겨나지 않는다. 그리고 가장 중요한 점은 '과결(果決)', 딱 잘라 결정하는 것이다.

'과결'이란 도대체 무엇인가?

쇼와시대(昭和時代. 1926년~1989년 1월 7일) 양명학자로 유명한 야스오카 마사히로(安岡正篤)는 이렇게 해석했다.

"과일 나무에 꽃 10송이가 피었다. 모두 수정이 되면 과일을 많이 수확할 수 있다. 하지만 크기는 전부 작다. 그러면 어떻게 하는 게 좋을까? 꽃 한 송이만 놔두고 나머지는 모두 솎아낸다. 그 결과 영양분을 독점한 것이 훌륭한 과일로 성장한다. 도대체 무엇을 솎아내고 무엇을 키워야 하는지 결정한다. 이것이 바로 과결이다."

판단력의 심오한 뜻이 여기에 있다. 통찰력이 있어야 선택할 수 있고 용기가 있어야 실행할 수 있다.

한마디로 말해 선택과 집중, 결단과 실행이 중요하다. 재미있게도 선택과 집중은 잭 웰치(Jack Welch) 경영의 표어이고 결단과 실행은 다나카 가쿠에(田中角榮)의 국가운영 표어다. 두 사람은 모두 판단력에서 정평이 있는 인물이다.

항상 옳은 판단을 하기 위한 비결

항상 옳은 판단을 하려면 어떻게 해야 할까? 판단 하나로 천국과 지옥이 갈린다고 했다. 그렇다면 조금이라도 천국으로 다가갈 수 있는 판단을 해야 하지 않을까?

다음의 다섯 가지 과정으로 진행하면 천국으로 향할 확률은 훨씬 높아진다.

① 목표(Goal)

② 옵션(Option, 선택권)

③ 판단(Estimation)

④ 우선순위(Priority)

⑤ 선택(Choice)

지금부터 하나씩 설명하겠다.

1. 목표(Goal)를 어떻게 정해야 할까?

♣구조조정 전문가도 판단 착오로 정리해고를 당했다

먼저 목표, 즉 도착점을 결정한다.

관점을 어디에 두는가, 장기적 관점인가, 그렇지 않으면 단기적, 중장기적 관점에서 생각하는가에 따라 판단은 달라진다. 그러므로 판단을 구체적이고 명확하게 해야 한다.

주식 투자와 비즈니스의 경우 바로 회수할 예정이라면 '위험부담이 낮고 수익성이 낮은 비즈니스'가 안심이 된다. 1년 후에 구체화되는 비즈니스라면 '위험부담과 이익이 어느 정도 있는 비즈니스'가 가능하다. 만일 5년 후에 씨뿌리기를 한다면 '위험부담이 높고 수익성이 높은 비즈니스'도 할 수 있다.

목표를 명확하고 구체적으로 정한다는 것은 '전망 (Perspective)'을 의미한다.' 일의 전망은 어떤가? 단기적으로 는 중장기적으로는 어떤가?' 를 파악하는 것이다.

전망이 없으면 의외의 복병이 나타날 수 있으므로 주의하 기 바란다.

구체적으로 살펴보자.

어떤 인사 전문가는 10년 동안 천여 명을 정리해고 시켰다 고 자랑삼아 이야기했다. 하루에 10명을 정리해고 시킨 적도 있다고 한다. 물론 한꺼번에 만 명을 정리해고 시키는 것도 가능하다. 하지만 그는 한사람 한사람을 만나서 차분히 이야 기하고 '스스로 퇴직을 판단했다' 고 이해하도록 만들어서 해 고시켰다.

'정리해고 작업' 으로 회사에 천억 엔의 이익을 가져다주었 다. 인건비 총액을 계산하면 그 정도가 된다고 한다. 구조조 정 전문가인 만큼 수입도 상당히 많았다.

하지만 구조조정 작업이 모두 완료된 지금 그 역시 정리해 고를 당했다.

'회사에 공헌한 사람을 왜 정리해고 했을까?' 라고 이상하 게 여길지도 모른다. 하지만 10년 동안 천 명을 정리해고 시 키는 회사다. 일이 전부 매듭지어지면 구조조정의 전문가도 같은 운명에 놓인다는 사실을 간파했어야 한다.

"그가 너무 심했다. 해고당한 사원이 소송을 건 적도 있다. 너무 냉혹하게 일처리를 했다"라고 다른 구조조정 전문가가 의견을 이야기했다.

그는 어떤 목표를 정했을까?

구조조정을 추진함으로써 회사의 경영 체질을 강화하는 것을 목표로 삼았다. 사사로운 마음을 버리고 공공을 위해 일하는 삶을 목표로 했던 것이다. 조직에 속한 사람으로서 몸을 사리려고 했다면 불가능했던 일이다. 하지만 '일을 계속해 나간다'라는 목표를 정하면 단기적인 승부가 아니라 중장기적으로 구조조정을 추진할 수 있다.

그는 구조조정에 대해 높은 평가를 받고 승진할 것이라는 기대를 했는지도 모른다. 그렇다면 회사에 대해 잘못 판단한 것이다.

♣ 목표는 신뢰가 바탕이 되어야 한다

어떤 판단이든 반드시 기준이 있다. 특히 교섭은 맹렬하게 싸우는 권투와 같다. 따라서 모두 좋다거나 무엇이든 좋은 경우는 거의 없다.

비즈니스를 할 때는 가격 교섭이 가장 어렵다. 이 가격까지는 양보하지만 그 이상은 절대로 안 된다는 판단 기준이 있다. 판단 기준에는 대개 어느 정도 폭이 있으므로 서로 그곳을 목표로 교섭해서 결론을 내린다.

그런데 폭은 어떻게 결정할까? 돈을 벌 수 있는가, 벌 수 없는가, 장점이 있는가, 장점이 없는가로 결정한다. 사업은 함께 살고 함께 번성해야 한다. 어느 한쪽만 항상 이익을 보거나 어느 한쪽만 항상 손해를 보면 비즈니스는 성립하지 않으며 그리 오래 계속되지 못한다.

이바라키 현(茨城縣) 쓰치우라(土浦)에 가스미(カスミ)라는 슈퍼마켓은 간바야시 데루오(神林照雄) 씨가 창업했다. 또한 그는 일본 전역에 자유체인점(voluntary chain)인 스파(Spar)라는 편의점을 열었다. 스파는 네덜란드어로는 '전나무', 독일어로는 '절약한다' 는 뜻이다. 이런 세계적인 체인점 조직의 초대 의장이 간바야시 데루오 씨였다.

그는 체인점 가맹을 신청하는 경영자에게 항상 같은 질문을 한다.

"당신 가게에서 손님이 콜라를 구입했다. 그런데 가게를 나서는 순간 그만 떨어뜨리고 말았다. 이때 어떻게 하겠는가?"

콜라를 떨어뜨린 것은 본인 책임이므로 손님이 다시 구입하도록 한다고 대답한 사람도 있었고 콜라 한 병 정도라면 서비스로 드려도 좋다고 말하는 사람도 있었다.

이런 교섭 역시 폭이 있다.

계속해서 이런 질문을 한다.

"그럼 콜라가 아니라 최고급 위스키라면 어떻게 하겠는가?"

콜라 한 병 정도라면 서비스로 드린다고 답했던 사람이 이번에는 망설였다. 확실히 콜라와 위스키는 이익의 폭이 다르다. 당연히 구입 가격도 다르므로 가게 쪽에 손해가 크다. 따라서 망설이는 마음도 이해가 된다.

간바야시 데루오는 "망설이지 말고 무조건 위스키 한 병을 서비스로 제공하기 바란다"라고 조언했다.

위스키를 떨어뜨린 사람은 손님이지 주인이 아니다. 구입 가격도 높으므로 손해다. 이렇게 따지면 '손해와 이득'을 기준으로 판단하는 것이 된다. 손님이 부주의해서 떨어뜨렸지만 재빨리 교환해준다면 틀림없이 기뻐할 것이다, 라는 판단은 '최선'이다.

왜 그래야 할까?

간바야시 데루오의 목표는 '손님을 늘리는 것'이기 때문이다.

모든 판단에는 목표에 이르기 위한 길이 있다. 목표에 이르기 위한 길이란 고객만족(Customer Satisfaction. CS)를 철저히 추구하는 것이다. '감동을 받은 고객은 25명의 고객을 끌고 온다. 반대로 불만을 품은 고객은 25명의 고객을 줄어들게 한다'는 마케팅 조사 결과도 있다. 입소문에 따라 고객이 50명이나 차이가 난다.

불특정 소수의 고객에게 최선을 다해야 고정 고객을 확보할 수 있다. 이것이 불황일 때 탄탄한 경영을 실현시키는 철칙이다.

어떤 생각으로 일을 해야 할까? 정답은 순간적인 판단에서 나타난다.

2. 옵션을 어떻게 선택해야 할까?

♣옵션은 목표에 도달하도록 안내해주는 장치다

목표에 도달하는 방법은 밤하늘의 별처럼 많다. 후지산에 오를 때도 여러 가지 공략법, 등반법이 있는 것과 마찬가지다. 그만큼 선택의 폭도 넓다.

이렇듯 목표에 이르는 여러 가지 선택법을 '옵션'이라고 한다. 어떤 옵션을 선택하는가에 따라 쉽고 빠르고 간단하게 목표에 도달할 수도 있다. 때로는 마치 사막에 물통 없이 내팽개쳐지는 것과 같이 비참한 처지가 되기도 한다. 당연히 이런 상태로는 목표에 도달하기 어렵다.

판단 착오는 비즈니스나 인생에서 자주 나타난다.

최단 거리를 최단 시간에 일직선으로 돌진하는 옵션은 대부분 어렵다.

예를 들어 신입사원이 '상장기업의 최고경영자가 되고 싶다'며 입사 초기부터 열심히 일해도 실제로 이루어지기는 매우 힘들다. 평사원부터 시작해서 주임, 계장, 과장, 부장을 거쳐 임원인 상무, 전무, 마침내 사장에 오르는 것이 일반적이다. 승진을 함으로써 목표가 실현될 '가능성'이 점점 더 높아진다.

옵션은 바꿔 말하면 목표에 이를 때까지의 다양한 가능성이다.

어떤 길을 선택해야 목표에 도달할 가능성이 높을까? 좀 더 높은 가능성을 향해 발걸음을 진행하는 것이 목표에 이르기 위한 최선의 판단이다.

전에 예일대학 졸업생에게 들은 이야기다.

"당신은 구체적이고 명확한 인생의 목표와 그 목표를 달성하기 위한 계획을 어딘가에 기록해두고 있는가?"

예일대학에서 학생들에게 이런 질문을 했는데 '그렇다'라고 대답한 학생은 3퍼센트에 불과했다. 나머지 97퍼센트는 '아니다'라고 답했다. 20년 후 대학의 조사원이 당시 학생들을 찾아갔다. 그 결과 구체적이고 명확한 목표를 기록했던 3퍼센트의 연봉은 나머지 97퍼센트보다 훨씬 많다는 사실이 밝혀졌다. 연봉뿐만이 아니라 행복감과 의욕과 같은 생활의 질도 더 높았다.

예일대학의 조사에서 3퍼센트와 97퍼센트로 나누어지는 핵심은 명확하고 구체적인 목표 설정을 했느냐 하지 않았느냐, 목표에 도달하기 위한 옵션을 갖고 있느냐 없느냐다.

불확실하고 모호한 옵션이 아니라 명확하고 좀 더 구체적이며 선명한 방법이어야 목표 달성에 도움이 된다. 목표는 방향을 나타내면 되지만 옵션은 길을 가는 노선도이며 안내해주는 장치여야 한다.

수백 억 엔을 버는 한편 수백 억 엔을 잃는 일본의 기관투자가 일본기업 곳곳에서 옵션을 잘못 선택하는 전형적인 사례를 발견할 수 있다.

관공서의 수직적인 행정은 경직화된 조직의 전형으로 알려져 있는데 사실은 일본기업도 수직적인 행정이라는 측면에서 볼 때 다소 차이는 있지만 본질적으로는 마찬가지다. 요컨대 수직적인 조직에서는 수평적인 정보교환이 없다는 것이다. 커뮤니케이션이 이루어지지 않는다는 자체도 안 좋지만 서로 미워하거나 대립해서 목표에 이르는 길이 막혀있을 때도 많다.

예를 들어 은행이나 생명보험회사를 비롯해서 금융기관에는 자산운용팀이 있다. 같은 회사 안에 주식운용팀과 채권운용팀이 각각 독립적으로 존재하며 서로 협조하지 않는 경향이 있다.

주가가 상승해서 주식운용팀이 돈을 많이 벌어들였지만 채권운용팀은 크게 손해를 보았다며 채권을 한꺼번에 팔아 버린다.

'주가가 오르면 채권 시세는 떨어진다'

분명히 이것은 경제 상식이다. 옵션은 메뉴가 제안되었을 때 어느 하나를 선택하는가로 변제(performance. 채무의 이행)가 결정된다. 따라서 주식을 파는 대신에 채권을 사고 주식을 살 때는 채권을 판다. 보통 이런 시소게임으로 투자 옵션이 이루어진다. 생명보험으로 비유되는 기관투자가는 손실을 막을 수 있도록 주가가 어느 일정 비율로 떨어지면 자동적으로 컴퓨터로 관리하고 있다.

그런데 외국인 투자가에게 '이 가격이 되면 자동적으로 일본의 기관투자가는 판매한다'는 형식이 널리 알려져 있다.

주식, 채권 등 자산을 종합적으로 생각하면 돈을 벌 수 있으므로 바닥시세에 성급하게 매각하지 않는다. 하지만 기관투자가는 컴퓨터의 지시대로 행동한다.

자신의 머리로 생각하지 않고 기존의 방식대로 판단하고 있는데 더욱 비참한 것은 이런 움직임이 생명보험업계 전체의 움직임이 되므로 당연히 채권 가격은 폭락하게 된다. 이때 미리 폭락을 예상한 외국인 투자가는 일본인의 기관투자가가 방출한 채권을 바닥시세에서 구입할 수 있다. 덕분에 헤지펀

드(Hedge Fund. 국제증권 및 외환시장에 투자해 단기이익을 올리는 민간 투자기금)는 엄청난 돈을 번다.

옵션은 이것인가 저것인가, 라는 선택만 의미하지는 않는다. 눈앞의 정보만 입력해서 판단하면 실패한다. 일본의 기관투자가는 전쟁의 상황만 보고 전쟁 전체를 보지 못하며 전략 등은 전혀 없다. 따라서 수백 억 엔을 버는 반대편에서는 수백 억 엔을 잃는다.

한쪽에서는 벌고 한쪽에서는 그만큼 잃는 것은 초보자의 판단력이다.

♣ 옵션은 최소한 세 종류가 있다

판단에서 중요한 점은 이것 아니면 저것이라고 둘 중의 하나로 생각하지 않는 데 있다.

대개는 선택해야 할 길이 하나밖에 없다고 생각한다. 하지만 옵션은 항상 세 종류 이상이 있다.

① 받아들인다
② 거절한다
③ 받아들이지도 않고 거절하지도 않고 그 상태에서 기다린다

최근 전직하는 비즈니스맨이 아주 많다. 전직하는 사람이

나 경력사원에 대해 편견이 없어졌으며 전직하지 못하는 사람은 하나의 회사에서만 통한다고 인식이 바뀌었기 때문이다. 따라서 인재이동이 극심해진다.

사실 나도 전직을 한 번 경험한 후 독립했다. 보통 전직할 때는 현재 근무하는 회사에 머문 채 전직할 곳을 찾는데 나는 무작정 퇴직부터 했다. 그 다음에 아는 사람, 친구 등의 권유로 전직했지만 이때도 전직할까 말까 등 옵션을 선택하기보다는 처음에 스카우트 제의를 해온 회사에 바로 전직을 결정했다.

얼마 후 몇몇 회사로부터 스카우트 제의를 더 받아 어떻게 판단해야 할지 몰라 당황스러웠다. 나중에 들어온 옵션이 일의 내용, 연봉, 직위가 훨씬 좋았기 때문이다. 하지만 때는 늦었다. 전직할 곳의 입사 계약서에 이미 도장을 찍었던 것이다. 입사하는 날까지 정해졌고 임원에게서 직원들까지 소개받았다.

당시 안타까운 마음은 들었지만 후회는 하지 않았다. 오히려 공부가 되었다고 생각한다. 이처럼 빠른 판단은 좋은 점도 있고 나쁜 점도 있다.

처음에 스카우트 이야기가 나오는 단계에서는 아무리 거물이라도 옵션은 제로다. 스카우트 제의가 들어오자마자 싼값에 자신을 팔거나 좀 더 자신을 비싼 값에 팔거나 아니면 비싼 값에 판매하기 위해 제의를 바로 받아들이거나 거절하지 않고 '기다린다'는 옵션도 있다. 하지만 그 정도로 자신감이 많지 않던 나는 이 점을 미처 깨닫지 못했다. 전직 조건보다는 인연을 우선하는 것은 지금도 마찬가지다.

전직의 경우 파는 쪽 시장인지 사는 쪽 시장인지에 따라 다르지만 설령 이쪽에 불리하더라도 처음 면접에서는 '이야기를 들려주세요'라는 태도로 어떤 바람이 있는지, 어떤 조건인지 차분히 음미한다.

일본인은 조건 싸움은 내키지 않아 하는 경향이 있다. 이 점은 외국인도 마찬가지다. "무슨 일이든 하겠습니다. 연봉을 20퍼센트 깎아도 괜찮습니다"라고 말하는 사람보다는 "연봉을 50퍼센트 올려주십시오. 그 대신 책임은 다하겠습니다"라고 말하는 인재 쪽이 높은 평가를 받는 것은 어느 나라든 마찬가지다.

3. 옳은 판단(Estimation)을 하려면 어떻게 해야 할까?

♣ 감각적인 자료와 수치로 된 자료 두 가지로 판단한다

정확히 판단하기 위해서는 두 가지 자료를 활용해야 한다.

① 감각적인 자료

수치로 된 자료가 아니라 감상과 의견, 인상, 직감 등 감각적인 자료로 판단한다.

② 수치로 된 자료

매출 실적과 통계 등 수치로 나타낸 자료다. 그러니까 아날로그정보와 디지털정보의 차이라고 할 수 있다.

양쪽 다 장단점이 있다. 예를 들어 감각적인 자료는 빠른 판단이 가능하다. 자료를 하나씩 집계하는 수치로 된 자료는 정보를 모으는 데 시간이 많이 걸린다.

하지만 수치로 된 자료는 숫자로 나타내기 때문에 설득력이 있다. 숫자는 만국공통이므로 틀림이 없기 때문이다. 1은 1이고 2는 2다. 미국이든 이라크든 이 숫자는 변함이 없다. 그래서 디지털정보인 수치로 된 자료는 설득력이 있다. 숫자는 객관적이므로 미묘한 문제를 정확히 판단하는 기준으로 삼을 때 매우 효과적이다.

한편 감각적인 자료는 사람에 따라 자료가 달라지기 쉽다. 특히 직감으로 판단할 때는 착각도 있고 그 사람의 주관, 편견, 결심, 기분, 상황에 따라 인상이 확 달라진다. 직감은 중요하지만 주위에서 이해하기 힘들고 결과에 대해 공감을 얻기 힘든 만큼 설득력도 낮다.

그렇다고 감각적인 자료가 열등하다는 말은 아니다.

"전직하는 사람은 디지털정보인 수치로 된 자료를 원하는 것이 아니라 그 회사의 분위기, 경영진의 방침, 의식과 같은 아날로그정보를 원한다. 디지털정보는 인터넷으로 회사 홈페이지에 접속하거나 회사의 보고서를 보면 바로 알 수 있다."

헤드헌터로 활약하고 있는 사람의 의견인데 확실히 맞는 말이다.

♣ 수치로 된 자료 경쟁을 부추긴 〈소년 점프〉

슈에이샤(集英社)의 인기 잡지 〈소년점프(少年ジャンプ)〉는 한창 때 500만 부가 발행된 전설적인 잡지다.

나는 학창시절에 자주 가던 식당에서 즐겨 읽었고 지금도 애독자다.

이 잡지의 편집 방침은 고객을 위해 일하는 것인데 자세뿐만 아니라 제도적으로도 그렇게 되어 있다. 얼마나 시장 지향적인 제도가 철저했느냐 하면 연재 작품 200편 가운데 17위 이내에 들지 않으면 위험하다고 판단할 정도였다.

17위 이내는 물론 200위까지 순위를 매길 수 있는 비밀은 작가 사이에서 악명 높은 '애독자카드'로 잡지 뒤쪽에 붙어 있는 엽서에 독자가 투표하도록 되어 있다.

"이번 주에 가장 재미있었던 만화는 어느 것인가?"

독자가 투표한 작품에 3점을 가산하는데 산더미처럼 쌓여 있는 엽서를 전부 집계하는 것이 아니라 임의로 천 장을 표본 추출해서 순위를 매긴다.

그 결과 아무리 대작가라고 해도 인기가 떨어지면 10주 내에 연재를 마무리하도록 결정한다. 이것이 슈에이샤가 추구하는 시장 지향적인 제도다. 잡지 전체를 독자가 결정하는 '고객은 신이다' 라는 말이 통하는 세계다.

이 제도 덕분에 편집자의 기호와 선입관이 개입되는 일이 없다. 수치로 된 자료를 중요하게 여기는 실증주의에 따라 독자의 목소리를 직접 반영하는 지면으로 편집한다. 애독자카드에 논리가 끼어 들어갈 틈은 없다. 모두 독자의 직관에 따르기 때문이다.

이런 자유 경쟁 체제가 〈소년 점프〉를 발전시켰다.

♣ 전직을 할 때 수치로 된 자료를 활용한다

아는 사람 중에 외자계 기업만 10여 곳 옮겨다니며 치열하게 사는 사람이 있다. 그는 어떤 회사에서 스카우트 제의를 하면 모든 조건을 종합해서 꼼꼼히 따져보고 결정했다. 직감이나 모호한 방법에 따르지 않고 최대한 수치로 나타내서 표를 만들어 판단했는데 마치 체조나 스케이트경기의 채점표를 보는 듯했다.

그가 경험을 통해 판단재료로 삼은 항목이다.

① 일의 내용(사명, 의무, 근무 조건 등)

② 지위(권한)

③ 연봉, 보너스제도 등 수입 측면(②와 함께 이루어질 때가 많다)

④ 스톡옵션, 스톡그랜트

⑤ 모회사 또는 최고경영자와 마음이 맞는가

⑥ 기타 환경조건, 비서, 회사차 등

⑦ 휴가

⑧ 사택 유무(준비하는 것이 당연하다)

이 결과를 종합해서 판단한다. (표1 참조) 각 숫자는 최고 10점 만점으로 매긴 점수다. 예를 들어 A사는 '일의 내용, 사명'은 10점 만점에 8점이지만 C사는 10점 만점이라는 식으로 기록한다. '스톡옵션(stock option)'은 일본 기업에서도 많이 도입하고 있기 때문에 잘 알고 있을 것이다. '회사 주식을 나중에 시장에서 주가가 높아졌을 때 팔 수 있는 권리'가 부여된 것을 말한다. '스톡그랜트(stock grant)'는 주식을 사지 않고 입사 시점에서 받을 수 있는 '특권'을 뜻한다. 미국에서는 스톡그랜트쪽이 보통이다.

모든 계산을 끝내고 보면 그는 최고 득점을 한 C사로 전직하는 것이 가장 좋다.

표1 전직할 곳에 대한 판단 기준을 수치로 나타낸다

항목	점수	A사	B사	C사	D사
일의 내용					
사명	10	8	5	10	9
의무	10	7	6	10	9
지위	10	7	7	8	9
수입	10	6	6	8	9
스톡관련					
스톡옵션	3	2	5	2	5
스톡그랜트	5	3	5	5	5
마음이 맞는가					
최고경영자(CEO)	10	5	3	8	5
최고운영자(COO)	5	5	3	5	5
업무환경					
비서	7	8	10	7	8
회사차	5	8	10	7	8
휴가	5	5	7	2	2
사택	10	5	10	10	6
합계		547	580	690	641

♣ 소음과 신호를 분별한다

수치로 된 자료는 효과적으로 활용할 수 있다. 그런데 앞서 설명했듯이 감각적인 자료가 열등하지는 않다. 우수한 경영자는 감각적인 자료, 즉 직감으로 옳은 판단을 내린다.

이들이 옳은 판단을 내릴 수 있는 비결은 과연 무엇일까?

소음과 신호를 확실히 분별할 수 있기 때문이다.

나는 일을 하면서 불필요한 소음만 들어오고 필요한 신호는 잘 포착이 되지 않음을 뼈저리게 느끼고 있다. 그래서 옳은 판단을 하기 어려운 것이다. 귀에 들어오는 정보의 99퍼센트는 도움이 되지 않는 소음이다. 핵심은 1퍼센트의 정보를 어떻게 포착하는가다.

"신호를 포착한 사람은 비즈니스에서 성공할 확률이 높다. 하지만 신호를 포착하지 못한 많은 사람은 성공한 사람 밑에서 일하거나 실패할 수밖에 없다"라고 호리바제작소(堀場製作所)의 창업자 호리바 마사오(堀場雅夫) 씨가 말했다. 나 역시 그렇게 생각한다.

소음과 신호란 도대체 무엇이며 어떻게 해야 소음과 신호를 구별할 수 있을까?

힌트가 될지 확신할 수는 없지만 마쓰시타 전기산업의 임원에게 이런 이야기를 들은 적이 있다.

"우수한 어부는 아무도 듣지 못하는 바다에서 들려오는 소리를 포착한다. 그렇지 못한 어부는 기상방송을 듣고 나가도 바다에서 들려오는 소리를 포착하지 못해서 큰 사고를 당하기도 한다."

일을 할 때도 마찬가지다.

이 사람은 마쓰시타 전기산업의 라디오사업부 책임자(상무이사)였다. 그는 창업자 마쓰시타 고노스케에게 "FM 라디오가 있다고 하는데 그게 뭔가?"라는 질문을 받고 "소리는 좋지만 비용이 많이 들어서 아직 시기상조라고 생각합니다"라고 대답했다. 얼마 후 "FM 라디오라는 게 있더군"이라는 말을 들었다.

다시 시간이 흐른 뒤 마쓰시타 고노스케는 "이봐, FM 라디오는 도대체 어떻게 되고 있어?"라며 그에게 화를 냈다. 그때서야 정신이 번쩍 난 그는 황급히 FM 라디오 개발을 시작했고 마쓰시타 전기산업은 FM 라디오 전쟁에 뛰어들 수 있었다.

당시 일본의 카 라디오(car radio)는 FM 라디오가 필요했다.

"식은땀이 났다. 그 순간 FM 라디오를 개발하지 않았다면 너무 뒤처져 낮은 시장점유율을 보였을 것이다. 간신히 시기를 놓치지 않을 수 있었다."

일 잘하는 사람은 '신호'를 잘 포착한다.

내가 "마쓰시타 고노스케 씨는 어떻게 그 신호를 포착할 수 있었습니까?"라고 질문했더니 "놀랄 만큼 다양한 현장의 소리를 듣고 있기 때문입니다"라고 대답했다. 하지만 '이건 성공한다' 는 정보가 또렷하게 들리는 경우는 거의 없다.

'시대의 흐름이 원한다고 말하고 있다' 는 '소리 없는 소리'가 들리는가 들리지 않는가에 따라 승부는 결정된다.

소음과 신호를 구별하기 위해서는 각각의 정보에서 '이것이다!' 라는 핵심을 정확하게 끄집어내야 하지만 태평양에서 잃어버린 반지를 찾아내는 것처럼 어려운 일이다. "AM 라디오 다음에는 FM 라디오의 시대가 오지 않을까?"라고 다음 과제를 확실히 파악하고 있으면 자연히 귀가 FM 라디오에 관한 정보를 포착한다. 그러면 젊은이를 중심으로 FM 라디오가 조용한 붐을 일으키고 있다는 신호를 만날 수 있다.

신호 단계에서 정보를 알아차리는가 못하는가가 문제다. 이런 정보를 상품개발 및 사업기획과 같은 구체적인 비즈니스로 연결시킬 수 있어야 한다.

'일 잘하는 사람' 은 과제를 항상 추구하는 사람이다.

과제란 바꿔 말하면 문제의식으로 항상 의식하고 있으면 어떤 정보와 만났을 때 '아, 이거다. 이게 신호다' 라고 뇌가 가동하기 시작한다.

4. 우선순위(Priority)를 결정한다

♣ 우선순위가 있기 때문에 결단을 내릴 수 있다

비즈니스맨에게 전직이나 독립은 판단력을 시험받는 기회다. 최대한 유리한 옵션을 선택하고 싶다고 생각하는 것이 사람 마음이다.

학생이 취직 면접에 임할 때도 마찬가지다.

A사에 입사하기로 결정된 상태에서 B사의 면접을 본다. B사에 입사하는 것이 결정되면 안심하고 C사의 면접에 임한다. 물론 그는 한 회사에만 입사해야 한다. 하지만 1지망, 2지망, 3지망과 같은 우선순위를 정하고 그 순위를 표적으로 행동하는 편이 좋다.

우선순위에 따라 판단을 하라는 말이다.

합리적인 판단을 하는 사람은 우선순위를 확실히 파악하고 있다.

'무엇이든 괜찮다'는 판단에는 사실 아무것도 결정되어 있지 않다. 정확히 말하면 아무것도 판단할 필요가 없다. 내가 전직했을 때와 같이 스카우트 제의가 들어오는 순서대로 정하면 된다. 하지만 좀 더 중요한 판단, 결단을 내릴 때는 반드시 우선순위를 확실히 정해두어야 한다.

리크루트의 '이사이즈(ISIZE)' 사이트에는 사용자가 좀 더 빠르고 옳은 판단을 할 수 있도록 시스템을 구축해놓았다.

임대물건을 찾는 사용자가 희망하는 조건을 미리 모두 입력해놓는다. 그러면 컴퓨터는 그 조건에 적합한 매물을 제시해준다.

어떤 역 근처에 있는 매물을 구하는지, 임대료, 방의 배치, 건물의 종류(단독주택, 빌라, 아파트), 역에서 걸리는 거리(걸어서 몇 분인가), 전용면적, 건축년도, 바닥재, 벽장의 유무 등과 같은 조건까지 입력되어 있다.

사용자는 모든 희망 조건이 입력되어 있으므로 판단이 쉬워지고 일일이 생각할 필요가 없다. 나중에 매물을 직접 확인하고 결정하면 되기 때문이다.

중요한 점은 원하는 매물을 즉시 발견할 수 있는가 없는가다. 발견되지 않는 경우에는 어떻게 해야 할까?

여기서 등장하는 것이 우선순위다.

무엇이든 '이것만은 절대로 양보할 수 없다!'는 단계에서 '없어도 괜찮다'고 타협할 수 있는 단계까지 사람은 나름의 판단 폭을 갖고 있다.

처음에는 '걸어서 5분 거리의 매물'을 원했지만 '걷는 것이 몸에 좋으므로 걸어서 20분까지는 괜찮다'고 수정해서 검색하면 매물이 쭉 나온다. 장벽을 낮추면 여러 가지 결과가 나오고 그 중에서 마음대로 골라잡으면 된다.

우선순위에 따라 상위에서 하위까지 배열된 것에서 타협을 반복한 후 최종적으로 현실적인 매물을 결정한다.

이것은 비즈니스 교섭과 동일하다. 자신의 소망과 100퍼센트 일치하는 교섭은 거의 없다. 마찬가지로 상대의 소망과 100센트 일치하지도 않는다. 자신의 소망만 주장하면 서로의 소망이 대립해서 절대로 합의가 이루어지지 않고 교섭은 결렬된다.

이렇게 되지 않으려면 서로 양보해서 타협점을 모색해야 한다.

"나는 이 점을 양보할 테니 그쪽에서는 이 점을 이해해주기 바란다."

이것이 어른의 교섭이다.

"여기까지는 괜찮고 여기서부터는 안 된다"라고 하나하나의 조건에 대해 가치를 결정하는 것이 핵심이다. 슈퍼마켓이나 편의점에서 물품관리를 할 때도 마찬가지다. 일을 할 때는 우선순위를 정해놓고 한다.

비즈니스 교섭은 팀 차원에서 하는 경우가 많다. '이것은 절대로 양보할 수 없다'는 저지선을 마련해놓고 교섭 전에 충분히 공통된 가치관으로 서로의 방침을 명확히 해야 한다.

그렇게 하지 않으면 어떤 사람은 타협하지만 어떤 사람은 타협하지 않는 등 팀의 의사가 통일되지 않는다. 이래서는 교

섭이 잘 이루어질 수 없다. 무엇을 기준으로 판단해야 좋을지
전혀 모르기 때문이다.

♣ 일본 금융기관의 판단은 규칙 파괴

무언가 비교, 대조하는 경우 장점과 단점으로 판단하는데
장점에는 매출, 이익, 득점, 이점 등이 있고 단점에는 경비,
손실, 실점 등이 있다.

비즈니스에서는 '이익(profit)'과 '손실(loss)'을 따져보고
결정해야 한다. 그런데 이런 원리원칙을 무시하는 업계가
있다.

일본의 금융기관이다.

준비금이 부족한 기업의 80퍼센트가 대기업 20~30곳, 20퍼
센트가 중소기업 1,000곳이라고 한다. 당신이 금융기관의 최
고경영자라면 어떻게 처리할까?

'팔레트의 법칙(80/20 법칙)'과 'ABC(Activity Based Costing.
활동기준원가) 마케팅' 원리에 따라 80퍼센트의 대기업에 집중
해서 처리하는 편이 효율적이다. 효율적이라는 것은 효과도
있고 능률적이라는 의미다. 은행의 비용과 회수율을 생각할
때 당연한 이야기다.

당신이 대출 금리를 올리고 싶은 기업은 어느 곳인가?

① 일반적인 중소기업(위험부담이 있음, 이익이 큼)

② 우수한 대기업(위험부담이 적음, 이익이 거의 없음)

③ 문제 기업(위험부담이 큼, 이익은 마이너스)

보통 사람이라면 ③, ②, ① 순서로 대출 금리를 올리려고 할 것이다.

③의 문제 기업에는 금리를 점차 올려 관계를 청산하고 싶어한다. ②의 우수한 대기업은 위험부담이 적지만 수지가 맞지 않는다. 금융기관에서는 돈을 벌지 못하는 대기업과 거래를 하려면 금리를 올리려고 한다. 이때 "그렇게 고금리는 지불할 수 없다"라고 말하면 거래가 중단된다.

대기업은 증권이나 사채 발행 등 자사에서 얼마든지 자금을 모을 수 있다. 금융기관이 일부러 나서지 않아도 된다. 미국의 금융기관에서는 상식인 일이다.

돈을 벌어주게 하는 중소기업은 금리를 낮춰주어도 된다. 이것이 정상적인 우선순위다. 앞으로는 기업이 간접금융(은행 등)에서 점점 멀어지고 직접금융(증권 등) 쪽으로 이동하리라 생각한다.

그런데 일본의 금융기관은 완전히 반대로 판단을 내린다.

가장 큰 거래처인 중소기업에는 금리를 올리고 위험부담이 크고 거래를 계속할수록 손해가 되는 문제 기업의 금리는 감면해주고 채권을 내버린다.

덕분에 쓰러져가던 문제회사는 회생한다. 하지만 이것은 백해무익하다.

문제회사는 경영자의 자질이 부족하기 때문이다. 이런 회사는 채권이 폐기되는 순간 재무구조가 좋아진다. 빚이 없어지면 문제 기업의 최고경영자는 버티고 앉아 가격 파괴를 실행하거나 염가로 판매하기 시작한다. 은행의 자금이 아니라 세금 혜택으로 구원을 받아 가격을 낮추고 결국 시장을 혼란스럽게 한다. 불황 속에서 착실하게 경영을 하고 진지하게 사업을 했던 회사가 곤란해지는 것이 문제다.

나는 문제기업인 대형 건설회사 사장이 기자회견에서 하는 말을 듣고 기가 막혔던 적이 있다.

"여러 가지 비판이 있지만 우리 회사도 빚만 없으면 괜찮은 회사다."

벌어진 입이 다물어지지 않았다.

♣ 판단을 할 때 손익분기점(BEP)을 기준으로 생각하라

대출 금리를 올리고 싶은 기업을 선택할 때 어떤 관점으로 판단해야 할까? 핵심은 손익분기점이다.

손익분기점을 의미하는 BEP는 'Break-Even Point'의 약자로 여기서 아래는 손실, 위는 이익이 된다는 분기점을 말한다. 즉, 경비와 이익이 균형을 이루는 곳이다.

판단을 할 때 장점과 단점을 저울에 올려놓고 장점이 크면 채택하고 단점이 크면 채택하지 않으면 된다. 일본 금융기관의 이상한 판단의 핵심도 경제적, 경영적 판단이 아니라 다분히 정치적인 판단이 기초에 있다.

"1년, 2년 후의 이익이 아니라 10년, 20년 후의 경영을 생각한다."

10년 후에 그 은행이 존속한다고 누가 보증할 수 있는가? 어느 정도 세상의 상식과 떨어져 있는 그들 세계에서의 우선순위에 따른 판단이다.

예를 들어 취직할 때 대부분의 사람, 특히 학생의 경우 유명 기업인지, 대기업, 안정된 기업인지 아닌지를 우선순위의 상위에 둔다. 다음에는 첫 급여다. 실제로 취직한 경험이 없으므로 어쩔 수가 없다. 하지만 이런 대기업이 어느 정도 번성하고 있는지 생각하면 지금 자신이 무엇을 최우선해야 할지 자연히 알 수 있다.

최근 몇 년 동안 시세 동향이 급변하는 대기업, 유명 기업도 내일 어떻게 될지 알 수 없다. 중소기업도 크게 다르지 않다. 좋아하는 일을 할 수 있는가 없는가 이것을 최우선으로 생각해야 한다. 다만 좋아하는 일을 할 때 실제로 일을 해본 적이 없으므로 즉각 느낌이 오지 않는다. 따라서 흥미로운 회사인지 아닌지, 상사와 선배와 마음이 맞을지 맞지 않을지를 곰곰이 따져봐야 한다.

앞서 외자계 기업을 옮겨다니던 사람의 이야기를 소개했다. 주의 깊게 살펴보면 그는 최고경영자와 최고운영책임자와 '마음이 맞는지'를 중요한 판단 기준으로 삼았다. 경영간부로서 전직한 경험을 통해 사람과 사람의 마음이 맞느냐 맞지 않느냐가 가장 중요하다는 사실을 깨달았기 때문이다. 외자계 기업뿐만 아니라 중소기업에서는 절대적이라고 할 수있을 정도로 중요한 일이다.

내가 아는 어떤 사람은 성장하는 벤처기업 소유주의 강력한 스카우트 제의를 받고 입사했다. 여기까지는 순조로웠지만 6개월 후 크게 다투고 서로 등을 돌렸다. '달콤한 신혼'은 지나갔다. 소유주는 단기적으로 실적을 올리라고 요구하고 그는 중장기적인 자세로 조직 강화를 우선했기 때문에 톱니바퀴가 맞지 않는다. 최고경영자가 소유주이므로 그대로 오랫동안 참고 지내거나 뛰쳐나가는 수밖에 없다. 그래서 그는 퇴직을 선택했다.

그는 계속 그 회사에서 일하는 것이 손해가 더 크다고 판단했다. 수입 면에서 볼 때 퇴직하지 않고 계속 일하는 편이 이익이다. 하지만 그 상황에서는 정신적인 손실이 크고 무엇보다 젊은 자신의 가능성을 펼칠 수 없다고 판단했기 때문에 그만두었다.

그의 판단은 결국 옳았다.

5. 선택(Choice)을 정확히 한다

♣ 셔터를 누르는 기회를 절대로 놓치지 않는 사진가

보도 사진이나 예술 사진, 화보 촬영을 하는 경우 우수한 사진가는 '이거다!'라는 멋진 순간이 나올 때까지 참을성 있게 기다린다. 그리고 셔터를 누르는 기회를 절대로 놓치지 않는다.

순간적인 판단력이 뛰어나며 철저히 준비하고 있기 때문에 가능한 일이다.

좋은 사진을 찍기 위해서는 전체의 흐름을 관찰하고 '이거다!'라는 순간이 올 때까지 기다려야 한다고 한다. 사진가는 올가미를 치고 기다리는 수렵민족과 같다.

일이나 인생에서 정확히 판단하는 사람은 전체의 흐름을 차분히 관찰한다. 강물이 어느 쪽 방향으로 흘러가는가, 바람이 어느 쪽에서 어느 쪽으로 부는가를 확실히 파악하고 있다. 그리고 그 기운을 계산에 넣어 판단한다.

단순히 그 순간의 상황을 보기만 해서는 정확한 판단을 내릴 수 없다.

현대 의학은 의료기술과 과학기술의 발달에 따라 예전과 비교할 수 없을 정도로 발전했다. 하지만 예전보다 뒤떨어지는 '문진(問診)'이라는 기술이 있다.

문진이란 환자와 의사의 커뮤니케이션으로 "어디가 안 좋은지?", "어떤 상태인지?", "여기는 어떤지?" 등을 묻고 신체 여기저기를 눌러서 확인하는 촉진(觸診)과 함께 환자 개인의 상태를 관찰해서 병명을 알아내는 작업이다. 이런 문진이 의료장비에 의존하는 진단으로 바뀐 지 이미 오래다.

어느 시기, 아마도 1975년 이후 의대에 입학한 일본의 대학생은 '문진'과 관련된 강의를 받은 적이 없을 것이다.

의료장비에 의존한 진단은 단순히 그 순간의 상황을 확인하는 것에 불과하다. 전체의 흐름이 어떤지는 완전히 배제되어 있다. 의료장비 덕분에 신속한 진단이 가능해졌지만 오히려 의료사고는 크게 늘어났다.

그때그때의 현상이 아니라 그 현상에 나타난 '흐름, 역사, 시간 경과'를 관찰해야 하고 그러기 위해서는 감각적인 자료로 '소리'를 가까이서 들어야 한다.

♣ '쇠고기덮밥으로 유명한 요시노야'의
중대 위기에 대한 판단력
"이제까지 살면서 가장 큰 위기를 맞이했다."

요시노야(吉野家) D&C의 아베 슈지(安部修仁) 사장이 기자회견에서 한 말이다.

미국 농무부는 2003년 12월 24일 워싱턴주에서 광우병에 감염되었다고 의심이 가는 소를 발견했다고 발표했으며 다음날 광우병에 감염된 소임을 공식적으로 확인했다. 2003년 12월 25일 일본 정부는 미국산 쇠고기의 수입을 금지했다.

쇠고기덮밥으로 유명한 요시노야(吉野家)로서는 청천벽력과 같은 사건이었다. 요시노야는 쇠고기의 99퍼센트를 미국에서 수입하고 있지만 안정성은 국제기준으로 보증받았다. 하지만 미국산이 아닌 쇠고기로 값싸고 맛있는 쇠고기덮밥이라는 브랜드가치를 지킬 수 없다. 이대로 미국산 쇠고기의 수입이 금지된다면 요시노야는 앞으로 '쇠고기덮밥의 판매를 중지'하겠다고 발표했다.

사건이 터진 지 3일 만에 이루어진 조치다. 긴급하고 중요한 만큼 신속한 판단이 필요했던 것이다.

요시노야는 '쇠고기덮밥을 판매하는 위험부담', '쇠고기덮밥을 판매하지 않는 위험부담'을 모두 고려해서 결정했다. 바꿔 말하면 '쇠고기덮밥을 고집하는 위험부담'과 '쇠고기덮밥을 다른 상품으로 교체하는 위험부담'이다. 지금의 목표는 '미국산 쇠고기 수입이 허용될 때까지 매출액을 확보'하는 것이다.

언젠가 미국산 쇠고기 수입이 허용되겠지만 그것이 며칠 후인지 몇 개월 후인지 아니면 몇 년 후인지는 알 수 없다. 명확하지 않은 시기를 기다리며 영업할 수 없기 때문에 신속하게 판단했던 것이다.

정확한 판단을 내리기 위해서는 자료를 수집해야 한다. '쇠고기덮밥을 고집하는 경우', '쇠고기덮밥을 다른 상품으로 교체하는 경우', 각각의 위험부담과 이익(단점과 장점)을 최대한 상세하게 수집해서 평가하는 것이 핵심이다. 표2와 같이 나타낼 수 있다. 현장에서는 좀 더 구체적인 항목이 제시될 것이다. 물론 경영진이 판단한 것과 같다.

이대로 나가다가는 2004년 2월에는 쇠고기덮밥을 선보일 수 없게 된다고 한다. 그래서 2004년 1월부터는 긴급 대책으로 심야 영업점을 폐쇄하거나 특대 쇠고기덮밥을 판매하지 않는 방법을 생각했다. 동시에 카레덮밥을 시작으로 연어덮밥, 닭꼬치구이덮밥 등 신규 상품을 선보였지만 이번에는 조류독감이 유행해서 닭꼬치구이덮밥은 메뉴에서 사라졌다.

시간적인 여유가 있었다면 먼저 시험 판매를 했을 텐데 급박한 상황이라 불가능했다. 그런데 동업자가 예전에 광우병 파동으로 쇠고기덮밥만 판매하다가 카레덮밥, 장어덮밥 등 여러 가지 메뉴를 제공하는 영업 방식으로 바꿔 성공을 거두었다. 요시노야에 '좋은 본보기'가 되었고 '쇠고기덮밥에서 다른 상품으로 교체한다'고 신속하게 판단을 내릴 수 있었다.

내 생각에 요시노야의 경영진은 쇠고기덮밥 단일 상품의 위험부담을 이번 기회에 뼈저리게 느꼈던 것 같다. 과거에 일본산 쇠고기 문제가 발생했을 때 쇠고기덮밥을 고집하는 바람에 매출과 이익이 모두 감소했던 일이 있었다. 아침 정식을 판매하고 다른 브랜드의 카레전문점을 경영하며 집에 가져가서 먹을 수 있는 초밥을 만드는 전통 가게와 제휴하는 등 사업의 다각화를 추진했다.

광우병 파동을 계기로 여러 가지 메뉴를 항상 제공할 수 있는가 없는가라는 기준이 생겼다.

요시노야가 크게 성장했던 시기는 보통 크기의 쇠고기덮밥 한 그릇을 280엔이라는 파격적인 가격에 판매해서 업계를 평정했던 때다. 가격이 280엔이었기 때문에 그만큼 크게 성공했던 것은 아니다. 쇠고기덮밥의 가격파괴 뉴스가 연일 텔레비전과 신문에 보도됨으로써 노출효과, 선전효과가 손님을 모여들게 했다. 280엔으로 가격을 내리기 며칠 전부터 손님수가 많았던 것이 그 증거다.

쇠고기덮밥은 곰곰이 생각한 후 가게에 들어가서 먹는 음식이 아니다. '저기, 요시노야가 있네. 쇠고기덮밥이나 한번 먹어볼까'라는 '충동'으로 먹게 된다. 이렇듯 '충동적'으로 사먹을 수 있도록 붐을 일으켜서 단골손님 외에 새로운 손님을 끌어들이는 수밖에 없고 요시노야는 가격파괴로 성공을 거두었다.

커다란 위기를 절호의 기회로 바꾸기 위해서는 '쇠고기덮밥 카운트다운'이란 이벤트를 연출해서 '마지막까지 앞으로 몇 그릇!'이라는 캠페인을 벌이는 방법도 좋을 듯했다. 이런 상품은 뉴스에 자주 등장할수록 매출액이 얼마든지 달라진다.

하지만 안타깝게도 이 책이 출판되기 전에 이미 요시노야 뿐만 아니라 마쓰야(松屋), 나카우(なか卯) 등은 쇠고기덮밥의 판매를 중지했다. 미국산 쇠고기가 다시 수입된 후 시장점유율의 변화가 어떻게 될지 걱정되었기 때문이다.

요시노야의 사건은 경영진뿐만 아니라 현장에서 일하는 사원도 위기감과 좋은 의미에서의 긴장감을 주었다.

만일 이 사건이 일어나기 전에 쇠고기덮밥 외의 메뉴를 제공했다면 현장 직원의 자세는 어떠했을까? 아마도 경영진과 현장 직원은 절박한 자세로 대처하지 못했을 것이다. 결과적으로 볼 때 요시노야에는 광우병 파동이 좋은 기회와 경험이 되었다.

표2 위험부담과 이익으로 판단한다

	위험부담	점수	이익	점수
①쇠고기덮밥을 고집하는 경우	맛의 변화	10	현상유지	0
	가격 변경	8		
	쇠퇴 위험성	10		
	계	28		0
②쇠고기덮밥에서 다른 상품으로 교체하는 경우	단골손님이 느끼는 혼란	5	충격	10
	메뉴 개발	5	선전 효과	10
	현장의 익숙 정도	3	참신함	5
	계	13		25

지금처럼 변화 속도가 빠른 시대에는 느린 결단은 치명적인 결함이다. 눈 감으면 코 베어 가는 시대이기 때문이다. 이쪽저쪽 돌아볼 틈이 없다.

3

훌륭한 리더는 모두 이런
판단력을 갖고 있다

순간적인 판단으로 생사가 결정된다

사회를 떠들썩하게 만드는 강력 사건이 많이 일어나고 있는데 만일 강도가 집에 침입한다면 어떻게 해야 할까?

평소 주위에 도움을 청하는 방법을 생각해두어야 큰일을 막을 수 있다.

"강도야!"라고 큰소리로 외쳐야 할까? 그렇지 않으면 다른 방법을 취해야 할까? 자칫 잘못하다가는 생명이 위험할 수도 있다. 순간적인 판단으로 생사가 결정된다. 당신이라면 어떻게 해야 할까?

정답은 "불이야! 사람 살려!"라고 외치면 된다. 이웃집에서는 불이 옮겨 붙으면 큰일이라는 생각에 소방서다 경찰서다 전화를 거는 등 난리가 난다. 범인이 혼란스러움에 어느 정도 압박감을 느끼는지는 알 수 없지만 '불이야!' 라는 외침에 구경꾼들이 모여들면 상황 종료다.

따라서 강도가 들어왔을 때는 "강도야!"라고 하기보다는 "불이야!"라고 외쳐야 한다. 한순간의 판단이 생사를 가른다.

예를 들어 누군가 물에 빠졌다고 하자. 주위에는 아무도 없다. 이때 당신은 어떻게 하는가?

"아름다운 여자라면 구해주지만 남자라면 특히 아저씨는 내버려둔다."

어쩌면 이렇게 대답하는 사람이 있을지도 모른다. 그렇지만 대부분의 사람은 물에 빠진 이를 구하기 위해 뛰어들 것이다. 그런데 아무리 인류애가 강한 사람이라도 주저하거나 물에 뛰어들지 못할 때가 있다.

주위에 사람이 많을 때 이런 현상이 나타난다.

사회심리학자인 비브 라타네(Bibb Latan'e)와 존 M. 데리(John M. Derry)라는 사람이 돌발적인 사건이 일어났을 때 주위에 제삼자가 있으면 행동에 변화가 있다는 사실을 검증했다.

피실험자는 '마케팅 조사'라는 명목으로 실험실에서 기다리라는 지시를 받는다. 어느 피실험자는 혼자서 기다리고 어느 피실험자는 처음 보는 사람과 함께 기다린다.

다음과 같은 상황이 있다.

① 단독으로 있는 상황 : 피실험자는 혼자서 기다린다

② 타인과 함께 있는 상황 : 피실험자는 알지 못하는 타인과 둘이서 기다린다

③ 친구와 함께 있는 상황 : 피실험자는 친구와 둘이서 기다린다

④ 실험자와 함께 있는 상황 : 피실험자는 실험자와 함께 기다린다

그런데 갑자기 옆방에서 여자의 비명소리가 들려왔다. (실제로는 녹음소리다)

상식으로 판단하면 실패한다

비명을 들었던 피실험자 가운데 움직이는 사람은 얼마나 될까?
다음과 같은 결과가 나왔다.

① 단독으로 있는 상황 : 70퍼센트
② 타인과 함께 있는 상황 : 40퍼센트
③ 친구와 함께 있는 상황 : 70퍼센트
④ 실험자와 함께 있는 상황 : 7퍼센트 (실험을 실시하는 사람은 가만히 있도록 정해져있었다)

사람은 자기 혼자 혹은 친구와 둘이 있을 때는 움직인다. 하지만 전혀 모르는 사람이나 소극적인 사람과 함께 있을 때는 움직이지 않을 가능성이 크다.
앞의 질문에 적용해서 생각해보자. 물에 빠졌을 때 주위에 도와줄 만한 사람이 많으면 많을수록 사실은 도움을 받지 못할 가능성이 크다. 사람이 많기 때문에 괜찮은 것이 아니라 오히려 사람이 많기 때문에 위험하다.

이것을 심리학에서는 '방관자 효과'라고 부른다. '주위에 사람이 많으니까 굳이 나서지 않아도 괜찮겠지'라며 방관자로 있게 된다.

사람은 이렇듯 묘한 구석이 있다. 어떤 사람이 물에 빠졌을 때 주위에 사람이 많이 있다면 당신은 어떻게 해야 하는가? "저기 파랑 옷이랑 빨강 옷 입은 사람은 나와 함께 저 사람을 구합시다"라고 지명하고 즉각 행동을 취해야 한다. 그렇지 않으면 사태를 수습할 수 없다.

안이한 대처가 뼈아픈 결과를 가져올 수 있으므로 주의하기 바란다.

교통사고를 줄이기 위해서는 '도로에 중앙선을 그으면 된다'고 생각한 경찰이 차선에 하양과 노랑 중앙선을 칠했다. 하지만 사고는 전혀 줄어들지 않았다. '도대체 왜 그럴까?'라며 의아하게 여기고 중앙선이 있어도 사고가 발생하므로 차라리 지우는 편이 낫겠다고 판단했다. 경찰이 중앙선을 지워버리자 사고는 현저히 줄어들었다.

중앙선이 있으면 '반대편 차량이 조심하겠지'라며 상대에게 의존하는 마음이 생긴다. 서로 속도를 늦추지 않고 난폭하게 운전하다가 '큰일이다'라고 깨닫는 순간에 대형 사고가 일어난다. 하지만 중앙선이 없으면 스스로 책임의식을 느끼고 조심스럽게 운전해서 사고가 줄어드는 효과가 난다.

조금이라도 사고를 줄이려는 배려가 도리어 사고를 유발했던 것이다.

사람은 위급할 때 어떤 판단을 내려야 할까? 동서고금을 막론하고 연구해야 할 과제다. 비즈니스맨, 특히 관리자의 영원한 과제이기도 하다.

판단력은 현장을 경험함으로써 기를 수 있다

우수한 경영자는 판단력이 뛰어나다. 이들은 어떻게 뛰어난 판단력을 길렀을까?

1차 정보를 소중히 생각했기에 가능했다.

여기서 1차 정보란 제삼자가 개입되지 않고 스스로 포착한 정보를 말한다. 책을 읽고 느낀 점이나 길을 걷다가 깨달았던 사실을 적어놓고 자신의 오감으로 얻은 정보에 따라 판단한다. 이들은 절대로 타인에게 얻은 정보로 판단하지 않으며 왕성한 호기심을 갖고 있다.

예를 들어 이토요카도의 이토 마사토시 사장의 호기심은 매우 놀랍다. 그는 아오야마(青山)와 하라주쿠(原宿)에 새로 문을 여는 카페를 탐색하러 다닌다. 도토루 커피(Doutor Coffee. 일본의 커피 전문점)나 스타벅스처럼 유명한 곳은 아니고 주로 10대와 20대가 많이 이용하는 카페다.

이런 정보발신기지에는 유행의 첨단을 걷는 젊은이들이 대거 모여든다. 그들을 관찰하기만 해도 어떤 패션이 유행하고 있으며 앞으로 어떤 흐름이 나타날지 짐작할 수 있었다.

이토 마사토시 사장은 매우 바쁜데도 하루에 5곳은 돌아다닌다고 한다.

"그곳은 음료는 물론 요리도 싸고 맛있다. 일식도 제공하는데 밥에 돼지고기찜이 나온다. 손님을 기분 좋게 대해주었다."

지금은 경영 일선에서 물러났지만 그의 타고난 호기심은 여전해서 생각이 나면 바로 행동으로 옮긴다고 한다.

이토 마사토시 사장은 어느 날 식품 제조업체의 경영자에게 "거기 가봤나?"라고 물었다. 일과 직접 관련이 있는 곳이므로 당연히 조사했으리라 생각했다.

"아뇨. 모르겠습니다. 가본 적이 없어요."

이래서는 곤란하다.

미국에서는 "벌거숭이 임금님이 되고 싶지 않으면 현장 경영(MBWA)을 하라"는 말이 유행하고 있다. MBWA란 'Management By Walk Around……' 여기저기 돌아다니라는 의미다.

2차 정보, 3차 정보, 남에게 듣는 정보에 의존해서는 옳은 판단을 내리기는 어렵다.

직접 행동하고 경험해야 옳은 판단을 내릴 수 있다. 요컨대 보고 듣고 나름으로 가설을 세우고 주위 사람의 의견과 감상을 점검하면 '아, 그런 견해도 있구나', '이런 느낌을 갖고 있는 사람도 있구나'라며 정보가 2배, 3배로 늘어난다.

점으로 된 정보가 선으로 된 정보가 되고 이것이 면으로 된 정보로 발전한다.

1차 정보가 가장 중요하다

나는 전에 마쓰시타 전기산업의 간부에게 마쓰시타 고노스케에 대한 에피소드를 들은 적이 있다,

그는 나고야(名古屋)에서 도요타자동차 본사까지 가는 중간에 발견하는 건물이나 빈터를 발견하면 '저건 뭔가?', '이건?' 하고 차안에서 간부에게 계속해서 물어본다고 한다.

"솔직히 아주 피곤했다"라고 간부는 말했다.

무엇인지 대답하지 못하면 "자네는 여기서 일한 지 몇 년인가!"라며 꾸짖었다.

당시 그 간부는 여러 해 동안 도요타 자동차에 물품을 판매하는 담당자로 있었다. 너무 후회가 되어 마쓰시타 고노스케가 나고야를 다시 방문할 때는 모두 답할 수 있도록 해야겠다고 다짐했다. 간부는 그와 함께 지나왔던 길을 비서에게 다시 운전하게 했다. 그리고 마쓰시타 고노스케가 물었을 때처럼 자신도 "저건 뭐지?", "이건?"이라고 질문했다.

그의 비서 역시 귀찮다고 생각했을지 모른다.

1개월 후 마쓰시타 고노스케를 다시 도요타자동차로 안내하게 되었다.

'그래. 드디어 기회가 왔어. 지난번에 당했던 창피함에서 벗어나야지' 라며 회심의 미소를 지었다. 그런데 마쓰시타 고노스케는 그에게 아무것도 묻지 않았고 간부는 마음대로 "'저건 ○○입니다", "저건 ××입니다"라고 설명했다.

"이봐, 미안하지만 생각할 게 있으니 조용히 좀 해주겠나?"

"……네."

순간 간부는 맥이 탁 풀렸다.

하지만 마쓰시타 고노스케는 과연 사람을 잘 다룰 줄 아는 인물이었다. 자동차에서 내릴 때 "자네, 열심히 공부했군. 굉장해"라고 웃으며 칭찬해주었다고 한다.

그 후 간부는 어느 상권을 담당하든 길이라는 길, 지나치는 모든 것을 공부했다고 한다. 비서와 그곳에서 오랫동안 일한 직원을 데리고 다니면서 말이다.

"저건 뭔가?", "이건?"

그렇게 모든 것을 파악했더니 비즈니스 기회가 많이 찾아왔다고 한다.

예를 들면 빈터가 있다고 하자.

"여기는 누구 소유인가?"

"○○회사의 소유입니다."

"여기다 뭘 세울 건지 알고 있나? 아직 결정되지 않았다고. 그럼 공사가 시작되면 전기, 기계, 자재, 에어컨 설비, 엘리베이터 계약을 하겠군. 그럼 어서 인사를 하러 가야겠군?"

그 간부는 이런 식으로 영업을 했고 덕분에 실적이 급상승했다.

'그래. 마쓰시타 고노스케 사장은 이런 걸 가르치고 싶었던 거야. 그래서 그렇게 집요하게 질문했어' 라고 깨달았다.

한편 도요타자동차의 경영자도 호기심이 왕성한 인물로 평가받고 있다. 도요타 쇼이치로(豊田章一郎)가 사장이었던 시절 미국의 어떤 최고경영자와 이야기를 나누었다고 한다.

"도요타 쇼이치로 사장은 항상 여기저기 돌아다니는군요. 왜 그렇게 회사 밖에서 오래 있습니까?"

"사무실에서는 자동차를 만들지 않기 때문입니다."

도요타 쇼이치로의 답을 어떻게 해석해야 할까?

"모든 기회는 밖에 있고 안에 있는 것은 비용뿐이다."

미국의 경영학자 피터 드러커(Peter Drucker)는 이렇게 지적했다. 도요타는 철저하게 현장을 중요하게 여기는 자세를 취했고 여기에는 회사 밖으로 돌아다니는 것도 포함된다. 현장은 정보의 장이다. 현장에 나가 1차 정보를 스스로 포착하지 않고 제삼자에게 의존하면 판단이 잘못될 수 있다. 당신은 어떻게 생각하는가?

소문으로만 판단을 내리지 않는다

아무리 신뢰할 만한 사람의 이야기라고 해도 그대로 받아들여서는 안 된다. 하지만 실제로는 그렇게 하지 못할 때가 많다.

특히 다른 사람에 대한 소문은 대개 실제보다 부풀려진다. 이런 소문을 믿었다가 크게 낭패를 볼 수도 있지만 얻어들은 정보를 무시하고 스스로 실상을 확인하려는 사람은 거의 없다.

그러나 그렇게 하지 않으면 항상 옳은 판단을 내리기가 어렵다.

내가 고문으로 있는 부동산회사는 경이적인 판매 실적으

로 계속 발전하고 있는데 모두 경영자의 훌륭한 판단력 덕분이다.

그는 사원이나 간부에게 보고를 받아도 무조건 그대로 믿지 않고 반드시 여러 곳에 전화를 해서 확인한다. 그렇다고 경영자가 부하를 신용하지 않는 것은 아니다. 인간의 판단력은 한계가 있다는 사실을 알고 있으므로 다시 확인하는 것뿐이다.

당신도 부하에게 보고를 받았을 때 어디까지 사실이고 어디까지 그 사람의 판단인지, 어떤 부분이 들은 이야기인지 구별할 수 없는 경우가 많으리라 생각한다.

"최근에 ○○사장이 기운이 없어 보이는데 아무래도 거래처에서 ○○만 엔 정도를 떼인 거 같아. 이야기를 들어보니 A사도 피해를 보았다지. 요즘 그 업계 사정이 안 좋은 거 같은데 우리가 채권을 갖고 있는 회사의 목록을 확인해 봐야겠어."

"맞아. 검토하는 편이 좋겠어. 내일 지시를 내립시다. 그런데 ○○사장은 만나봤어?"

"아니. B사의 ○○에게 들은 정보인데."

"그럼 자금 회수가 불가능하다는 정보도 거기서 들었겠네?"

"그렇지."

"아니 그럼 전부 B사에서 들은 정보잖아."

"……."

이것은 앞서 설명한 소음과 같은 정보다. 이런 정보에 휘둘려서 판단을 내리다가 크게 후회할 일이 생길지도 모른다. 그렇게 되지 않으려면 스스로 확인하는 습관을 들여야 한다.

특히 다른 사람에 대한 판단은 직접 내려야 한다.

"그 사람 성미가 까다로워서 어울리기가 힘들어."

나는 이런 평판의 사람과 이야기를 나눈 적이 있다. 그런데 이야기를 나누면 나눌수록 괜찮은 사람이라는 느낌이 들었다. 실은 전에 아는 사람이 소개를 해준다고 했는데 평판만 믿고 만남을 거절한 적이 있다. 그때서야 다른 사람에 대한 판단은 스스로 해야 한다는 사실을 깨달았다. 사람에 대해 판단할 때는 남의 평가만 믿어서는 안 된다.

이것은 사람과 사람이 맞느냐 맞지 않느냐의 문제이기도 하다. 사람과 사람의 만남은 화학반응과 관련되어 있으며 그 사람이 아니면 내보낼 수 없는 메시지가 반드시 존재한다.

그 후로는 사람에 대해 함부로 평가를 내리지 않는다. 그러니까 색안경을 끼고 사람을 보지 않게 된 것이다. 한편 아무리 평판이 좋은 사람이라도 내가 실제로 만나보고 눈으로 확인할 때까지는 아무 말도 하지 않기로 했다.

성공 가능성이 50퍼센트면 충분하다

마쓰시타 전기산업은 포드자동차와 마찬가지로 사업부제 (事業部制)를 도입한 기업이다.

사업부제란 하나하나의 사업부를 사업 단위로 보기 때문에 경영자가 많이 있어야 실현할 수 있는 제도다. 마쓰시타 고노스케 사장은 여러 명의 경영자를 양성했기에 사업부제를 도입할 수 있었다.

훌륭한 경영자가 될 만한 인재가 유독 마쓰시타 전기산업에 많이 입사했던 것일까? 그렇지는 않다.

마쓰시타 고노스케가 자신의 수제자라고 말한 사람은 거의 없었으나 여러 명의 경영자에게 사업부를 맡길 수 있었던 것은 나름의 판단이 있었기 때문이다.

그의 판단이 흥미롭다.

마쓰시타 고노스케가 사업부의 경영자로 임명한 인물은 자신과 비슷한 유형이었다.

왜 그랬을까?

"비슷한 유형은 나와 비슷한 판단을 내린다. 만일 일이 잘못된다고 해도 어차피 나도 같은 판단을 내렸을 것이라고 생각하면 마음이 편하다"라고 했다.

누군가에게 맡기지 않으면 경영은 불가능하다. 섬세한 부분까지 모두 사장이 판단해야 하는 회사는 성장하기 어렵다. 설령 발전한다고 해도 한계가 있다.

비슷한 유형의 인물에게 경영을 맡기면 신경안정제와 같은 역할을 한다. 과연 마쓰시타 고노스케다운 판단이다.

바꿔 말하면 마쓰시타 고노스케는 '나와 비슷한 판단을 내리기 바란다. 사장이라면 어떻게 판단할까 생각하고 자신의 판단으로만 결정하지 않는다. 사장이라면 이렇게 하지 않을까, 라고 유추해서 판단하기 바란다'는 메시지를 보내는 것이다.

전에 소니의 임원에게 들은 이야기가 있다. 그는 '나는 이렇게 결정했지만 독단적으로 행동할 수는 없다. 창업자 이부카 마사루(井深大)와 모리타 아키오(盛田昭夫)라면 어떤 판단을 내렸을까 동시에 생각한다'고 말한다. 덕분에 자신만의 생각에 사로잡히지 않고 제삼자의 머리를 이용해서 객관적으로 판단할 수 있다고 한다.

지금처럼 변화 속도가 빠른 시대에는 느린 결단은 치명적인 결함이다. 눈 감으면 코 베어 가는 시대이기 때문이다. 이쪽저쪽 돌아볼 틈이 없다.

그만큼 최고경영자의 판단력은 중요하다.

그런데 '좀 더 수집해라', '조사를 좀 더 하고 나서'라며 실행을 미루는 사람이 있다. 실패가 두려우므로 좀 더 파악되거나 이해가 된 후 실행하려는 마음일 것이다.

하지만 주위에서는 이런 태도를 의욕이 없다고 판단한다. 100퍼센트 성공한다고 보장이 되면 누구든 실행하지만 그때는 이미 늦다. 30퍼센트 성공한다고 판명된 단계에서 시작하면 일이 잘 될지도 모른다. 하지만 50퍼센트, 60퍼센트에서도 시작하지 않으면 버스를 놓치게 된다.

마쓰시타 고노스케는 "50퍼센트에서 판단한다"라고 했다. 이 말은 30년 전에 했다.

도대체 왜 그래야 할까?

일을 시작했다고 해서 장치가 한꺼번에 전부 가동될 리가 없다. 시간이 흐르면 상황은 달라진다. 거기에 맞춰 미세하게 조정을 하는 사이에 정보가 차곡차곡 모이게 된다. 그것을 보면서 방향전환이나 궤도수정을 하면 된다. 요컨대 걸어다니면서 판단을 내리면 된다는 의미다. 이를 위해서는 유연하게 대처할 수 있어야 한다.

처음에 '한다!' 라고 판단을 내려야 무슨 일이든 시작될 수 있다.

문제는 어떤 단계에서 판단해야 하는가다. 30퍼센트, 50퍼센트, 그렇지 않으면 70퍼센트로 판단해야 하는가 그 차이다.

안건이 한두 가지밖에 없기 때문에 판단이 늦어지는 것이다. 100가지, 200가지 안건이 있으면 계속해서 일을 처리해야 시간에 맞출 수 있으므로 필연적으로 신속히 판단하게 된다.

판단이 늦은 사람이란 한가한 사람을 말한다.

일을 중단하거나 철수할 때는
과감한 판단력이 필요하다

'이 사람은 꼭 성공한다!'고 할만큼 성공욕구로 똘똘 뭉친 사람이 있다.

'용케도 여기까지……'라는 정도로 해야 성공할 수 있다. 얼마 전에 전기통신사업법 위반으로 체포된 다케후지의 전 대표이사 다케이 야스오(武井保雄)가 그 전형이다.

그는 사금융의 강자인 다케후지(武富士)를 창업한 경영자다.

1966년에 다케이 야스오는 36세 때 4평짜리 사무실에서 사업을 시작해서 지금은 만 개에서 2만 개 사이의 사업체를 보유한 업계 최강자다.

미국에서 행상을 했고 도박장 직원, 국철에서 허드렛일을 했는데 구체적인 과거 행적은 알려진 바 없다.

그는 다케후지의 전신인 후지상사(富士商事)를 도쿄 이타바시구(板橋區)에 설립하고 '단지 금융(團地金融)'이라는 사업을 시작했다. 주택 단지에 사는 주부 중에는 월급날 전에 생활

비가 떨어져서 돈이 필요한 사람이 꽤 있다. 그 틈을 노려 사금융이 파고드는데 그는 무담보로 사람만 보고 융자를 해주었다.

그 무렵 매일 오전 10시가 되면 다케이 야스오는 단지로 조사를 나갔다. 빨래를 점검하기 위해서라고 한다. 이 시간대에 빨래를 널지 않는 주부는 일단 융자 대상에서 제외된다. 외부에서 속옷이 보이도록 널은 경우에는 '칠칠치 못하다'고 판단했다.

우편함을 들여다봐서 우편물이 잔뜩 쌓여있을 때는 신용하지 않았다. 집을 방문한 후 화장실에 가서 깨끗하게 청소되어 있는지도 살펴본다. 때로는 관리실에 가서 집세나 관리비를 꼬박꼬박 내는지 확인하는데 날짜가 일정하지 않으면 주의해야 할 사람이라고 판단한다. 그는 나름으로 인물감정법을 세워두었다.

그는 아이디어가 풍부한 사업의 귀재다.

역 앞에서 휴지를 나누어주거나 고객에게 사탕이나 차를 제공하는 일도 직접 했다. '¥ shop 武富士(엔 샵 다케후지)', '¥en 結び(엔 결연)'이라는 문구도 그가 생각해냈다고 한다.

다케후지가 엄청난 성공을 거두었던 것은 실패를 미연에 방지했기 때문이다. '실패는 성공의 어머니'라는 말은 그의 사전에 없다. 그런데 그의 이런 성격은 어머니에게 고스란히

물려받았다고 한다.

일을 중단하거나 철수할 때는 신속하게 판단한다. 거래처나 관련된 사람이 피해를 입는 것은 신경 쓰지 않는다. '이건 돈이 된다'라고 생각한 시점에서는 상당한 집착과 실행력을 발휘한다. 반면 '이건 앞으로 어떻게 될까?'라는 의심이 들면 재빨리 철수한다.

예를 들어 할리우드의 영화사와 제휴를 해도 가계약까지 한 상태에서 어느 날 갑자기 '그만두겠다'며 일방적으로 약속을 깬다. 이야기를 실현시키기 위해 애쓴 노력도 물거품이 된다. 상대가 위약금을 청구해도 절대로 지불하지 않는다. 담당자의 체면이 완전히 구겨지고 인간관계가 악화되어 회사의 신용이 떨어질 수도 있는데도 말이다.

그대로 사업을 진행해서 적자를 내기보다는 용기 있게 철수하는 편이 낫다고 판단하면 단호히 실행한다. 사회적 명성이나 외양 등은 신경 쓰지 않는 사업의 귀재다.

모든 판단은 오로지 사업을 위해서만 집중했기에 당대에 많은 재산을 손에 넣을 수 있었다.

사이토 히토리의 판단력

"처음에 직원을 채용할 때는 틀림없이 변변치 않은 사람이 온다. 종업원을 지도해주겠다는 생각을 하지만 꼭 일을 시킬 수 없는 사람이 지원한다. 사람은 지도할 수 없다. 그런 지도력 따위는 없다. 한 번 알려주면 바로 일을 기억하고 두 번 다시 실패하지 않으며 근무태도가 성실한 사람은 처음부터 그렇다. 지도한다고 그렇게 되는 것이 아니란 말이다. 변변치 않은 사람은 당연히 그만두게 해야 한다. 그런 의미에서 볼 때 우리 회사에는 부지런한 사람만 있다."

이렇게 호언한 사람은 미용건강식품으로 부자가 된 긴자마루칸(銀座まるかん)의 창업자 사이토 히토리(齊藤一人)다. 그의 이름은 매년 발표되는 납세자 명단 '베스트 10' 안에 꼭 있다. 1993년에 4위, 1994년에 5위, 1995년에 3위, 1996년에 3위, 1997년에 1위, 1998년에 3위, 1999년에 5위, 2000년에 5위, 2001년에 9위, 2002년 2위, 2003년에 2위를 기록했다.

그의 회사에는 부지런한 사람만 있다고 하는데 그 이유가 특이하다.

"우리는 10명이 할 일을 7명이 한다. 그러면 너무 바빠서 2명이 그만두고 결국 5명이 일을 하게 된다."

10명이 할 일을 5명이 하기 때문에 뒤처지지 않으려면 열심히 해야 한다.

"그렇게 혹사시키는데 몸이 괜찮을까? 라는 의문을 품을지도 모른다. 하지만 부지런한 사람은 일하는 것을 좋아하기 때문에 오히려 일하지 않으면 병이 난다.

반대로 게으른 사람은 게으름을 피우는 것을 좋아하기 때문에 일을 하지 않는다. 이런 사람은 일을 하면 병이 난다. 이런 사람은 게으름을 피움으로써 건강을 유지한다."

보통 사람도 이런 발상을 할 수 있을까? 그는 이런 발상으로 부지런한 사람을 회사에 끌어 모았다.

여기서 주의해야 할 점은 일하는 능력은 '마력(馬力. 동력을 재는 단위. 1초 동안에 75킬로그램의 물체를 1미터 움직이는 힘)'이고 '일하자'라는 의식은 가치관이라는 것이다. 마력으로 일을 하는 것도 아니고 마력으로 일을 시키는 것도 아니다. 의식, 즉 가치관으로 일하고 부하에게도 일을 시킨다. 그러므로 마력이 있는 인재를 채용하기보다는 일하려는 의식이 강한 인재를 모아야 성공한다.

사이토 히토리는 이 점을 강조한다.

이해가 잘 되지 않을 수도 있다. 혹시 헤츠버그, 모스너, 스나이더맨이 공동 집필한 ≪일을 하기 위한 동기부여(The Motivation to Work)≫라는 책을 알고 있는가?

헤츠버그 프레데릭(Herzberg Frederic)은 미국 케이스웨스턴 신학대학교(Case Western Reserve University)의 심리학교수다. 이들은 피츠버그의 다양한 조직에서 일하는 회계사와 기사를 면접했다.

그리고 일에서 '① 만족스러운 것', ② 불만스러운 것', 2가지를 조사했다. 무엇이 비즈니스맨의 '동기부여'에 영향을 주는가를 알아내려는 목적으로 조사는 내용분석방법으로 했다.

분석한 항목은 다음과 같다.

① 일에 대한 성취감(어느 정도까지 할 수 있는가?)

② 달성에 대한 인정(그것을 평가받고 칭찬받는 것)

③ 일 자체(일이 즐겁다)

④ 책임(일을 맡길 수 있다는 의식)

⑤ 승진(출세)

⑥ 회사의 정책과 관리(방침 등)

⑦ 감독 기술(상사의 관리)

⑧ 급료, 수입

⑨ 인간관계(직장 내 인간관계)

⑩ 작업 조건(노동 환경)

이상의 항목을 분류하고 각각 만족, 불만의 요인이 된 비율을 계산했다.

의욕을 이끌어낼 수 있는 것은 무엇인가?

결론은 어떻게 되었을까?

① '일에 대한 성취감' 부터 ⑤ '승진' 까지 만족 요인이 되는 비율이 불만 요인보다 크다. ⑥ '회사의 정책과 관리' 부터 ❿ '작업 조건' 은 불만 요인의 비율이 만족 요인보다 컸다.

인간의 기본적인 욕구에는 2종류가 있다.

A 동물로서 인간의 욕구(불쾌함을 피하고 싶다), 아담과 같은 본성 (⑥~❿)

B 인간다움을 추구하는 인간의 욕구(정신적인 성장을 통해 능력을 펼치고 싶다), 아브라함과 같은 본성 (①~⑤)

이해하기 쉽게 설명하면 이렇다.

일에서 의미하는 만족과 불만은 원래 차원이 다르다. 인간적으로 성장하고 싶다는 소망(B)과 쾌적한 환경에서 일하고 싶다는 소망(A)은 근본적으로 다르다.

그러므로 ⑥에서 ❿까지의 항목, 즉 소망(A)에 대해서 불만을 제거하는 것이 일에 대한 만족감을 높이지는 못한다. ①에서 ⑤까지의 항목, 즉 소망(B)에서 불만을 느끼게 하면 아무리 ⑥에서 ❿까지 만족스러워도 전보다 좀 더 노력한다고는 말하기 어렵다.

예를 들어 책임이 있는 일을 부여하거나 승진시키면 '좋아,

좀 더 노력하자' 라는 강한 동기부여가 된다. 따라서 사원이 좀 더 의욕을 내기 바란다면 책임을 부여하거나 승진을 시켜 주거나 칭찬을 해주면 효과가 있다.

그런데 직장의 인간관계를 개선하거나 사무실을 현대적으로 바꾸는 것은 '아, 싫다, 이런 회사' 라는 불만을 제거하는 데는 도움이 되지만 '의욕' 을 이끌어내는 것과는 직접적인 관계가 없다.

의욕과 급료, 노동환경은 별개라는 의미다. 이 점을 인식하지 않으면 '우리 회사는 이렇게 높은 급료를 지불하는데 왜 사원이 붙어있지 않을까?' 라고 투덜거리게 된다.

'좋아, 해보자!' 라고 궁극적으로 동기부여가 되면 '사장을 위해 힘을 내자' 라는 기분이 되는 것은 돈이나 호화로운 사택, 개인 사무실이 아니라 '이 회사에 있으면 성장할 수 있다', '저 사람과 함께 있으면 공부가 된다' 라는 것이 결정적인 요인이다.

'본질이 무엇인가?' 를 판단할 수 없으면 마차와 같은 운명이 된다

나는 옛 모습 그대로 태평하게 있는 기업을 보면 일찍이 자동차, 철도가 등장했을 때 "저렇게 불편한 건 없다. 증기가 없으면 움직이지 않을 텐데……"라고 비웃었다는 마차회사의 일화가 떠오른다.

마차회사는 자동차의 등장을 가볍게 생각했다. 확실히 그때는 마차가 더 편리했고 자동차가 나온 지 몇 년이 지나도 그 지위는 전혀 상승하지 않았다. 압도적으로 마차의 이용도가 높았고 의존도도 강했다. '미래에도 마차를 사용한다'는 사람이 주류였고 '자동차 같은 건 필요 없다'는 의견이 대부분이었다.

하지만 자동차 제조업체는 좌절하지 않고 기술 혁신을 이루었으며 어느 날 갑자기 마차가 사라졌다. 한순간에 시대가 변해버린 것이다.

변화의 물결은 막을 수 없다. 시대의 흐름이 마차가 아닌 자동차와 철도를 선택한 것이다.

논리적으로 계산해서 '지금 이 정도의 이용자가 있으니까 앞으로 10년은 괜찮다. 전환점은 15년 후나 될 것이다'라는 식으로 진행되지 않는다.

'요즘 시대는 이런 것이 멋지다'

'미래를 느낄 수 있는 탈것이다. 꼭 한번 타보고 싶다'

시대는 유행과 같다. 갑자기 사람들의 기호는 바뀐다. 마차가 시장에서 사라졌던 것도 실무적인 편리함뿐만 아니라 자동차가 만들어내는 유행 때문이다. 자동차는 마차보다 뛰어난 특성을 갖고 있으므로 소멸하지 않고 단기간에 세상에 정착했다.

자동차의 탄생은 일시적인 붐이 아니라 본질적인 변화였다는 의미다. 마차회사는 그 사실을 간파하지 못했다.

유연한 판단력으로 살아남은 '마루짱'

마차회사는 새로운 자동차가 주류가 되리라고 생각하지 못했다.

조립식주택은 건설회사에서 생각해낸 것이 아니고 포장이사는 대형 종합 운수회사에서 생각해낸 것이 아니며 '100엔샵'은 슈퍼마켓이나 백화점 등 대형 유통회사에서 생각해낸 것이 아니다.

이상하게도 업무가 비슷할수록 오히려 보이지 않는 부분이 있다. 조금만 생각을 바꾸면 바로 시도할 수 있는 것도 하지 않는다.

비슷해도 하지 않는 이유, 할 수 없는 이유는 어디에 있는가?

'그런 비즈니스가 잘 될 리가 없다'

'지금 일만으로 충분하다. 쓸데없는 일을 할 필요가 없다'

이렇게 현재의 일에 집착하는데 특히 사장 밑에 있는 경영 간부가 그럴수록 시야는 점점 더 좁아져서 비슷해 보이지만 사실은 다른 비즈니스를 배척하게 된다.

사람은 정말로 어려움을 겪지 않으면 습관에서 벗어나려고 하지 않는다. '습성의 법칙'은 인간의 습관에도 적용된다.

비즈니스도 마찬가지다. 본업, 지금 하는 일에서 벗어나기 위해 항상 창조적인 파괴를 추진하는 경영자는 별로 없다.

흔하지는 않지만 찾아보면 있기는 하다. 예를 들어 도요수산(東洋水産)의 창업자 모리 가즈오(森和夫)가 그렇다.

회사 이름에 수산이 붙어 있는 이 회사는 수산업, 특히 냉동참치 수출로 사업을 시작했다. 지금은 '마루짱', '붉은 여우'로 친숙한 컵라면 제조업체로 큰 성공을 거둔 기업인데 즉석면 사업의 매출 비율은 40퍼센트, 생라면 사업도 포함시키면 약 70퍼센트 정도다.

그가 냉동사업 전문에서 방향을 바꾸기로 결정한 것은 약 40년 전의 일이다.

당시 수출 냉동참치에 대해 '도요수산의 상품은 불량품이므로 배상금을 지불하라'고 거래처에서 자꾸 트집을 잡았다고 한다. 이상하게 여긴 그가 미국 현장으로 날아가 살펴봤더니 가공 전의 참치를 햇볕에 방치해두고 태연히 있었다고 한다.

'이건 아니다'라고 생각한 그는 미국에 있는 동안 즉시 이곳에서 손을 떼기로 결정하고 일본에 전보를 쳤다.

하지만 다음 날에 바로 철수를 할 수는 없었다. 그 후 어육햄, 소시지 사업을 시작으로 일본의 소매점에 판매하러 다녔는데 영업사원이 매일 같이 '요즘 즉석면이 인기가 있다'며 보고했다.

그는 영업사원의 제안에 대해 '우리는 수산업을 전문으로 한다'라고 부정할 수도 있었다. 사실 이런 경영자가 대부분이다. 무엇보다 노하우가 하나도 없으므로 그것이 상식이다. 그러나 모리 가즈오는 '재미있겠다'고 판단하고 그 제안을 받아들였다.

수산업자가 라면개발을 시작했고 2년 후에 발매된 첫 상품이 크게 성공했다. 하지만 같은 시기에 어육햄, 소시지 첨가물에 대한 안전성 문제로 상품을 모두 회수하는 괴로움을 맛보았다. 그 후 '컵우동'이 엄청난 성공을 거두었다. 회사의 위기는 번번이 즉석면의 성공으로 극복할 수 있었고 크게 성장하는 데 밑바탕이 되었다.

모리 가즈오는 새로운 사업을 시작할 때는 먼저 손실액부터 생각한다고 한다. 그리고 회사를 불안정하게 만들지 않을 정도에서 돈과 물건, 사람을 투입했다.

"우리 회사는 ○○업에 전념한다. 그 외는 인정할 수 없다"
라는 고정화, 경직화된 판단은 없었다.

유연한 판단을 할 수 있어야 변화에 대처하는 경영이 가능
하다.

판단력으로 명암이 갈라진 벤츠와 BMW

일본인은 외국자동차를 좋아하는 것으로 유명하다. 특히
벤츠와 BMW를 좋아한다. BMW는 7시리즈, 5시리즈, 3시리
즈라는 라인업으로 성공했다.

벤츠는 S시리즈, E시리즈가 인기를 모았다.

거품경제 붕괴 후 고급자동차 붐이 사그라진 듯했으나
BMW는 업무용보다는 자가운전자에게 어울리는 이미지라서
커다란 변화는 없었다.

한편 벤츠는 어떻게 되었을까?

S시리즈, E시리즈는 여전히 인기가 있었으나 M시리즈는
실패했다고 볼 수 있다. BMW가 사들인 레인지로버(Range
Rover)와 같은 사륜구동(4WD) 자동차는 주력 상품은 아니다.

마케팅의 기본은 가장 잘 팔릴 수 있는 카테고리를 만드는
것이다. 어떤 분야든 최고 브랜드는 유리하다. 렌터카는 허

츠(Hertz), 컴퓨터는 IBM, 알코올 성분이 없는 음료수는 코카
콜라, 에스프레소커피는 스타벅스가 최고라고 알려져 있다.
최고 브랜드는 시장을 주도한다. 투명테이프는 스카치, 반창
고는 밴드에이드(Band-Aid)를 떠올리는 것과 마찬가지다.

최고 브랜드가 될 수 없을 때는 어떻게 해야 할까?

유사상품이 되더라도 다른 종류, 고객을 노려야 한다. 바꿔
말하면 표적, 즉 판매해야 할 대상을 바꾸라는 것이다. 기존
의 고객이 아니라 새로운 고객을 개척해야 한다.

기존의 카테고리에 상품을 투입한다면 다른 종류로 도전해
야 한다. 예를 들어 코카콜라가 어른을 표적으로 삼으면 펩시
콜라는 젊은이를 대상으로 판촉활동을 했다.

요컨대 하위 카테고리를 노리는 것이다.

그대로 모방하거나 생산량을 늘려서는 안 된다. 양으로 승
부를 내려고 해도 최고 브랜드가 훨씬 유리하기 때문이다. 야
마하(Yamaha)는 혼다(Honda)에 대항해 새로운 오토바이를 속
속 개발해서 도전했으나 그때마다 패배했다. 이런 실수를 저
질러서는 안 된다.

심야영업과 정글과 같은 분위기로 상품을 진열해서 유명해
진 '돈키호테'는 백화점, 슈퍼마켓, 편의점 고객과 표적을 달
리해서 성공했다. 백화점은 중산층, 부유층 고객이 많고 슈
퍼마켓은 중산층 고객이 압도적으로 많다. 서민이 자주 찾는

곳이 슈퍼마켓이다.

편의점은 계층을 명확하게 표적으로 삼는 업태가 아니라 시간대로 고객을 끌어 모이는 곳이다. 상품 종류만 놓고 봤을 때는 백화점, 슈퍼마켓과 상대가 되지 않을 정도로 적다.

이에 비해 '돈키호테'는 저녁부터 심야에 활동하는 고객을 대상으로 삼는데 '쇼핑하러 간다' 보다는 '놀러 간다'는 감각이 어울린다. 여기에 자극을 받아 백화점과 슈퍼마켓도 심야 영업을 적극적으로 추진하고 있다. 특히 슈퍼마켓에서는 24시간 영업도 고려하고 있는데 아무래도 식품에 높은 비중을 두리라 생각한다. 흥미를 끌 만한 장치가 없으면 밤에 고객이 모여들지 않기 때문이다. 하지만 나는 불야성을 이루는 도심, 역 앞이라면 모를까 심야 시간대는 편의점이나 '돈키호테'에 맡기는 편이 낫다고 생각한다.

'성숙기란 것은 없다!' 는 가오의 새로운 발상

마케팅 교과서를 보면 '상품은 4가지 주기를 거친다'고 써 있다. 4가지 주기란 ① 도입기, ② 성장기, ③ 성숙기, ④ 쇠퇴기를 말한다.

영업부에서 일하는 사람에게 4가지 주기는 기본 중의 기본,

상식 중의 상식이다.

① 도입기 – 이 단계에서 소비자는 자신이 원하는 상품이 무엇인지 모른다. 판매자가 수요를 창출하고 소비자의 관심을 불러일으켜야 할 시기다. 예를 들어 광고선전, 전시회, 견본시장 등이 있다.

② 성장기 – 다양한 노력이 결실을 맺어 소비자가 상품을 인지하고 구입하게 된다. 판매 신장률이 높은 것도 이 시기다. 그런데 이때 성가신 문제가 발생한다. 경쟁사가 상품을 내놓기 시작하는 것이다. 먼저 상품을 선보인 회사는 브랜드의 힘을 좀 더 충실하게 하는 전략을 세운다. 소비자에게 '우리가 원조, 본가, 종가다' 라는 메시지를 보낸다.

텔레비전 광고, 신문 광고 등 판촉활동을 한다.

③ 성숙기 – 시장에 뛰어드는 사람이 많아지고 경쟁은 더욱 치열해지며 비용이 상상외로 많이 든다. 그 중에는 채산이 맞지 않지만 염가로 처분해야 하는 상품도 있다. 이렇게 되면 가격이 제각각이 되어 소비자의 마음이 떠나는 사태가 발생한다.

판매 신장률이 둔화, 저하되는 현상이 나타난다.

이때는 광고도 효과가 없다. 상품에 경품을 덤으로 주는 등 상품 외의 매력도 알려야 한다.

④ 쇠퇴기 - 상품 수명이 다하는 시기다. 매출, 이익, 성장률이 높아질 전망은 없다. 다른 새로운 제품이 등장해서 '퇴출' 당하게 된다. 재고를 한꺼번에 처분하거나 바겐세일을 할 때 미끼 상품이 될 운명에 처한다.

이것이 마케팅 상식이다.

고전이 된 이론을 익히라는 것이 아니다. 내가 하고 싶은 말은 정반대다. 이론은 이론에 불과하며 '그럴 수도 있구나' 라고 알아두는 것으로 충분하다. 일반적인 경향이지 철칙은 아니다.

'성숙기라는 단어는 비즈니스에 없다' 며 마케팅에 집념을 불사르기 바란다.

이 말은 가오(花王)의 전 사장 마루타 요시로(丸田芳郎)의 메시지다.

'성숙기라고 생각하는 사람이 있기 때문에 성숙기가 있다' 는 의미다. 17년 전 그에게 이 말을 들었을 때 '맞는 말이다' 라고 생각했다.

1997년에 고토 다쿠야(後藤卓也)가 가오 사장에 취임했다. 이 시기에 가오에서 개발한 상품이 폭발적인 성공을 거두었다. 바이오 기술을 이용한 상품으로 강력한 세정효과가 있는데 기존의 세제량을 4분의 1로 줄인 콤팩트세제 '어택(attack)'이 그것이다. 소비자에게 높은 평가를 받으며 세제 역사에 일대 혁신을 일으켰다.

보통은 이 정도로 만족하는데 가오는 '아직 해야 할 일이 있다. 상품에 성숙기는 없다' 는 각오로 개량을 거듭했다. 특히 물 사용량을 크게 줄일 수 있는 상품을 모색했다. 물 사용량을 줄이기 위해서는 물에 잘 풀리는 세제를 개발해야 했다.

이런 집념이 '어택 마이크로 입자' 라는 상품 개발로 이어졌다. 이 상품은 고속으로 용해되고 높은 세정력을 자랑한다.

현재 이 분야에서 '어택 마이크로 입자' 는 45퍼센트의 시장점유율을 차지하고 있다. '비즈니스에 성숙기란 단어는 없다' 는 발상이 가져온 성과다.

보통은 '성숙기를 맞이했다' 고 생각할 때 모든 노력을 중단한다. 개발, 개선, 개혁을 멈춘다는 의미로 이 상품을 버리고 다른 신상품 개발에 힘을 쏟는다.

하지만 가오는 지금의 상품을 좀 더 개선하기 위한 노력을 기울였다.

나는 이것을 '브랜드의 업그레이드' 라고 부른다. 소비자의 눈에는 같은 상품으로 보이지만 사실은 그렇지 않다. 좀 더 우수한 점과 부가가치가 포함된 상품에는 쇠퇴기가 없다.

지금은 초고속 시대로 현상유지는 후퇴를 의미한다. 알맹

이가 전혀 바뀌지 않은 상품은 순식간에 성숙기와 쇠퇴기를 맞이하게 될 것이다.

아이디어가 어디에 널려 있는지는 알 수 없다. 이 상품은 어떤 판매 방법을 취하면 수요가 단숨에 증가할지 항상 생각해야 아이디어가 샘솟는다.

4

고객을 공략하는 방법과 최상의
판매를 할 수 있는 판단력을 익혀라

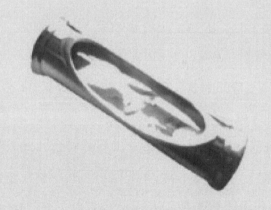

목표를 착각하지 마라

나는 일 관계로 일러스트레이터, 북디자이너들과 자주 만난다. 그들이 일하는 세계에서는 재능 하나로 승부해야 한다.

그런데 출판계를 살펴보면 유능한 몇몇 일러스트레이터와 북디자이너에게 일이 집중되는 현상을 발견하게 된다. 젊은 이나 신인에게는 일이 좀처럼 들어오지 않는다. 이 책과 같은 비즈니스 관련 서적도 10명 남짓한 인기 있는 북디자이너가 경쟁할 것이다.

서점에서 북디자인만 보아도 누가 했는지 금세 알 수 있을 정도다.

편집자와 잘 아는 북디자이너는 그 편집자가 담당하는 책을 맡게 될 확률이 높다. 그래서 신인 북디자이너들은 어떻게든 편집자와 인연을 맺으려고 자신의 작품(일러스트 등)을 갖고 출판사에 찾아다닌다고 한다.

나는 이런 이야기를 듣고 그들이 무언가 착각하고 있다고 느꼈다. 신인 북디자이너가 만나야 할 사람은 편집자가 아니다. 이것은 판단 착오다.

그렇다면 그들은 도대체 누구를 만나야 할까?

그들이 만나야 할 사람은 작가다.

"저는 선생님 팬입니다······ (중략) 사실은 이제 막 북디자이너라는 세계에 뛰어들었습니다만 제게 기회를 한번 주시지 않겠습니까? 시험 삼아 선생님 작품 가운데 가장 좋아하는 ○○이라는 소설을 모티브로 삼아 디자인을 해봤습니다. 시간이 허락하실 때 부디 검토해주시기 바랍니다······."

이런 편지와 함께 작품을 보내면 된다. 이것을 찢어버리는 등 난폭하게 대처하는 사람은 거의 없을 것이다. 작가는 편집자가 찾아왔을 때 흥미로운 편지를 받았다며 북디자이너의 이야기를 꺼낼지도 모른다.

북디자이너는 예술가이므로 영업사원과 달리 이런 적극적인 행동이 어색할 수도 있다. 하지만 지금은 자신을 홍보해야하는 시대다. 자신을 알려야 살아갈 수 있을 만큼 치열한 경쟁세계란 의미다.

출판사나 편집자와 인연을 맺는 방법이 정면 돌파 작전이라면 작가를 노리는 방법은 게릴라전이다. 인기 있는 북디자이너의 수제자가 되어 업계 사람과 서서히 인맥을 쌓아 가는 것이 빠른 방법일 수도 있다.

인기 있는 북디자이너가 되는 지름길은 베스트셀러의 디자인을 담당하는 것이다. 다시 말해 잘 팔리는 책 디자인을 담당하면 되는 것이다.

출판사에 자신을 알리기보다는 인기 있는 작가에게 자신

을 알리는 방법이 어쩌면 가장 쉬울 수도 있다.

진지하게 판매 방법을 생각하면
아이디어가 샘솟는다

요즘에는 물건이 잘 팔리지 않는다. 디플레이션 경제가 지속되고 있어서 팔아도 이익이 적게 남으므로 돈을 벌기가 어렵다.

이런 때일수록 창조적인 노력이 필요하다. 신상품을 개발하거나 새로운 판로를 개척해야 한다. 하지만 지혜가 바닥이 나서 껍데기만 남아 있다면 그처럼 안타까운 일도 없다.

판매 방법을 생각하는 것은 개인이나 회사라는 틀을 넘어 가장 중요한 일이다.

예를 들어 선스타 크래프트(Sun-star Kraft)라는 회사의 주력 상품은 색연필인데 연간 2천만 자루를 생산한다고 한다. 자녀수가 점점 적어지는 시대가 되어 학교에서 색연필을 사용하는 아이들도 크게 줄어들었는데도 이런 실적은 대단한 것이다.

알고 보니 이 회사에서는 색연필을 필기구라는 원래의 용도 외에 '제비뽑기' 의 도구로 이용했다.

색연필을 다이렉트 메일(direct mail. 상품 등의 선전을 위해 특정 고객 앞으로 직접 우송하는 서신, 카탈로그 등의 우편물)을 발송하는 회사에 판매했고 이 판단은 적중했다.

다이렉트 메일은 사람들이 개봉할 확률이 낮다. 거품경제 시절에도 다이렉트 메일의 개봉률이 2~3퍼센트에 불과했다. 아마도 지금은 0.2~0.3퍼센트가 되지 않을까 한다. 이렇게 개봉률과 반응이 낮으면 '효과가 없다'며 중단하게 된다. 다이렉트 메일은 당연히 비용이 많이 든다. 발송, 인쇄물, 주소 인쇄, 집어넣고 봉하는 작업, 우편요금까지 다이렉트 메일 1통 당 최소한 200엔은 든다.

이에 비해 이메일은 비용이 아주 저렴하다. 1통에 1엔도 들지 않는다. 다이렉트 메일과 이메일의 비용은 200대 1로 승부가 되지 않는다. 인터넷 광고선전이 많아질수록 다이렉트 메일 등 매개체를 이용하는 방법은 점점 사라질 것이다.

그래서 개봉률과 반응이 높아지도록 다이렉트 메일 안에 '덤'을 넣었다. 그것이 색연필이다. 예를 들면 이렇다. 다이렉트 메일이 도착했다. 버리려고 했는데 안에 뭔가 들어있는 느낌이 들어서 한번 열어봤더니 색연필 한 자루가 있었다. 다이렉트 메일을 뜯어본 정도로 충분히 효과가 있다.

하지만 여기서 끝이 아니다. 남아 있는 부분이 있다.

'이 색연필을 ○○장에 가져 와서 깎아보세요! 색깔에 따라

굉장한 선물이 준비되어 있습니다!'

색연필의 앞뒤를 모두 막아놓아서 무슨 색깔인지 실제로 깎아보지 않으면 알 수 없다. 하지만 집에서 깎으면 실격으로 정해진 장소에 꼭 와야 한다. 노랑이 나오면 '하와이 여행', 빨강은 'DVD'라는 식으로 각각 경품이 있다. 다이렉트 메일 겉봉에도 '색연필 제비뽑기'라고 표시해두어야 한다.

'색연필 제비뽑기는 올바른 방법이 아니다!'

이런 생각이 맞는지도 모른다. 하지만 이렇게 해서 색연필의 수요가 늘어난 것도 사실이며 사람들이 버리지 않고 사용하는 것도 사실이다.

아이디어가 어디에 널려 있는지는 알 수 없다. 이 상품은 어떤 판매 방법을 취하면 수요가 단숨에 증가할지 항상 생각해야 아이디어가 샘솟는다.

최고의 연예인은 마케팅 천재였다

자신을 어떻게 알려야 할까? 이 판단을 착각하면 천국과 지옥이 갈린다고 생각한다.

재능만으로 성공할 수 있다면 아무 문제도 없을 것이다. 하지만 최고의 재능이 있어도 알리는 방식이 잘못되면 그 재능을 제대로 살릴 수 없다.

반대로 재능이 없다고 해도 '이건 성공한다!' 라고 판단하고 노력하면 엄청난 부를 손에 얻을 수도 있다.

마케팅은 영업과 기업경영에만 적용되는 것이 아니다.

예를 들어 '줄게!' 라는 유행어로 인기를 모은 연예인 댄디 사카노(ダンディ坂野)는 마쓰모토키요시(マツモトキヨシ)의 광고를 하기 전까지는 본업으로는 먹고살기 힘들어서 매일 아르바이트를 했다. 그러다 '줄게!' 가 유행하고 특별한 재능은 없었지만 이 한마디로 큰 성공을 거두었다. 텔레비전이다 라디오다 여기저기 끌려 다녔고 급기야 시디까지 발매했다.

'줄게!'가 유행한 후 이것을 전면에 내세워 승부했다.

경영자 드러커(Drucker)는 '강점 위에 구축하라(Build on your own strength)'는 말을 했다. '기업은 자신의 가장 강한 부분, 특기를 최대한 끌어내서 그것으로 승부해야 한다' 는 의미다.

댄디 사카노는 NHK의 프로그램 홍백가합전(紅白歌合戰)에도 출연한 코미디언이기는 하다. 원래 그는 뉴욕 양키스의 마쓰이 히데키(松井秀喜)선수를 흉내내는 재주밖에 내세울 것이 없었다. 다른 재주라면 베이스를 치며 〈사가현의 노래(佐賀縣の歌)〉를 풍자적으로 불러 히트시킨 것이 있다.

그 후 댄디 사카노는 더는 마쓰이 히데키 선수의 흉내를 내지 않았다. 만일 그가 베이스가 아니라 기타를 치며 〈사가현의 노래〉를 불렀다면 가몬 다쓰오(嘉門達夫)의 재탕에 그쳐 히트하지는 못했을 것이다. 그는 남의 흉내를 내지 않고 자기나름의 스타일을 내세워 성공했다.

비즈니스든 예능이든 농담이든 재탕은 통하지 않는다. 만담 콤비인 야스시(やすし), 기요시(きよし)도 재탕은 전혀 통하지 않았다고 말한다. 그들이 인기를 모으자 그 앞에 출연하는 어떤 만담 콤비가 그들 몰래 소재를 빼내서 만담을 했다. 그뒤에 출연한 야스시, 기요시는 원조였으나 별로 인기를 얻지못했다. 원조가 해도 재탕은 성공하지 못한다.

시장에서는 항상 강한 충격을 원하기 때문이다. 배가 부른고객은 좀 더 맛있는 메뉴를 기대한다. 판매 방식을 잘 생각하지 않으면 사람들은 거들떠보지도 않는다. 잠시 눈을 돌린다고 해도 바로 싫증을 느낀다.

만담 해설가로 활약하는 가쓰라 분친(桂文珍) 등은 자신의판매방식에 대해 신경질적일 정도로 신중하다. 그만큼 마케팅의 무서움을 잘 알고 있기 때문이다.

그의 형제이며 가미가타(上方) 만담협회 회장인 가쓰라 산시(桂三技)는 새로운 만담을 적극적으로 홍보하고 시디전집까지 만들어 독자적인 브랜드를 구축했다. 그는 어떤 판단을 내렸을까?

"만일 나도 같은 일을 했다면 성공하지 못했을 것이다."

확실히 가쓰라 분친의 판단은 옳았다.

"다른 밭을 갈아야 한다."

이것이 마케팅적인 판단이다. 가쓰라 분친은 그 후 만담가 외에도 해설자, 대학강사 등에 도전했다. 지금은 시마다 신스케(島田紳助)를 비롯해서 사회, 해설자, 대학강사로 활약하는 연예인이 꽤 있는데 모두 가쓰라 분친의 영향을 받았다.

'그는 이런 판매 방식으로 성공했다. 좋아, 나도 같은 방법을 써보자' 라는 생각은 재탕으로 크게 실패할 수밖에 없다.

실은 나도 잘못된 판단으로 실패를 한 적이 있다. 어느 작가가 영업, 판매, 마케팅에 관한 책을 내서 인기를 모았는데 그 출판사에서 내게 '그런 허술한 책도 성공했다. 당신이라면 제대로 된 책을 쓸 테니 좀 더 많이 팔 수 있을 것이다' 라고 치켜세웠다. 그러나 내가 쓴 책은 거의 팔리지 않았다. 내용이 안 좋았기 때문은 아니다. 재탕인 주제로 책을 썼기 때문이다. 그때의 판단 착오는 내 평생 잊지 못할 좋은 교훈이 되었다.

사실 나는 지금까지 500권 정도의 단행본을 기획했다. 모두 업계 최초의 기획이었거나 처녀작이었지 재탕은 없었다. 다른 출판사에서 재탕, 삼탕의 책을 출판한 것은 내가 기획한 ≪질문하는 능력(質問力)≫, ≪의문을 품는 능력(疑問力)≫이

베스트셀러가 되고 나서다. 하지만 재탕, 삼탕한 책은 외면을 받게 된다. 이런 경험을 통해 나는 두 번 다시 재탕은 하지 않기로 마음먹었다.

내가 15년 전에 들었던 '요시모토 흥업의 위기의식'

앞서 소개한 몇 사람은 요시모토 흥업(吉本興業)에 소속된 연예인이다. 사실 이 회사 회장 나카무라 히데오(中邨秀雄)의 저서도 처음에 내가 기획했다. 내게 나카무라 히데오를 소개시켜준 사람은 부장이었던 요시모토 흥업의 기무라 마사오(木村政雄)로 상무이사로 퇴직했다.

그건 그렇고 나카무라 히데오는 이런 이야기를 했다.

"도쿄의 연예기획사에서 신인 코미디언을 적극적으로 모집하고 있다고 합니다. 어떻게 해야 할까요? 우리가 승산이 있을까요?"

당시 그는 덴보잔(天保山)에 디스코장도 열었고 부동산사업, 여행대리점 등 다각적으로 사업을 벌였다. 나카무라 히데오는 코미디계에서 누구나 인정하는 인물로 막강한 힘을 갖고 있었다. 그런 그였기에 타사의 동향을 신경 쓰는 모습이 생소하게 느껴졌다.

"그다지 신경 쓸 필요 없지 않을까요? 요시모토 흥업의 신화는 계속 될 겁니다."

나는 정말로 그렇게 생각했다. 하지만 나카무라 히데오의 판단은 그렇지 않았던 것 같다.

그 후 여러 번 같은 이야기를 들었다.

지금 생각해보면 이해가 간다. 텔레비전 프로그램에 코미디언이 등장하지 않는 날은 하루도 없다. 공영방송인 NHK도 〈만담 돌격 전쟁(お笑い突擊バトル)〉이라는 코미디언 채용 심사 프로그램을 매주 방송하고 있다.

민영방송에서는 코미디언을 드라마나 음악프로그램의 사회자, 가수로 기용하고 있다. 게다가 이들의 연기력은 서투른 탤런트보다 훨씬 낫기 때문에 영화계에 진출하기도 한다. 나카무라 히데오가 위기의식을 느꼈던 것은 이런 점 때문이었을지도 모른다.

하지만 나는 당시 그 사실을 전혀 깨닫지 못했다. 나는 15년 전에 요시모토 흥업의 위기의식을 들었다.

앞서 소음과 신호에 대해 이야기했다. 무엇이든 듣는 사람에게는 들리고 보는 사람에게는 보인다. 소음과 신호는 주제가 있느냐 없느냐의 차이다.

도쿄의 연예기획사가 신인 코미디언을 적극적으로 모집하든 말든 사실 나와 큰 상관이 없다. 남의 일이기 때문이다.

하지만 그에게는 아주 중요한 문제이므로 진지하게 생각했던 것이다. 영화를 누리고 있는 요시모토 흥업 제국에도 균열이 생길지도 모른다. 하지만 당시에 나는 호리프로(ホリプロ)의 호리 다케오(堀威夫)의 기획도 담당하고 있었으므로 은근히 신경이 쓰이기는 했다.

지금의 만담 붐은 예전의 만담 붐과 차원이 다르다. 관중 동원력과 활약 무대가 훨씬 뛰어나기 때문이다. 지금 생각해도 나카무라 히데오의 판단력은 정말 대단하다고 생각한다.

어느 정도 구입할 마음이 있는가는 '아', '오', '와'라는 '감탄사'로 판단할 수 있다

신호, 징후, 조짐은 반드시 있다. 지진에는 지진의 징후가 있고 질병에는 질병의 징후가 있다.

이런 징후를 알아차리는 사람이 있는 반면 알아차리지 못하는 사람도 있다.

적어도 영업사원은 '이것이 징후다'라고 확실히 알아차릴 수 있어야 한다. 하지만 최고의 영업사원만이 깨달을 수 있는 징후가 있다. 평범한 영업사원은 간과하는 부분을 최고의 영업사원은 정확히 반응하고 그래서 높은 영업실적을 올린다.

어떤 영업사원은 건설회사와 모델하우스를 방문하는 고객에게 몇 가지만 질문해도 그 사람이 어떤 사람인지 판단할 수 있다고 한다.

예를 들어 고급자동차와 스포츠카를 타고 다니면 멋쟁이혹은 좋은 물건에 집착이 강한 사람이라고 판단한다. 어느 정도 허세가 있는지도 모른다. 이런 사람에게는 이렇게 소개하면 효과적이다.

"100가구 중 이 집에만 특별한 기능이 있습니다."

이런 사람은 프리미엄을 좋아한다. '특별함'을 내세우면간단히 계약을 성사시킬 수 있다.

일본 총무청 통계에 따르면 수입과 식료품비, 교육비, 취미비용, 집세 등은 일정한 비율을 보인다고 한다.

예를 들어 식료품비가 차지하는 비율, 즉 엥겔계수가 50년전에는 절반 정도였던 수치가 현재 5분의 1까지 떨어졌다. 급료가 올랐다거나 물가가 떨어졌다는 요인도 있지만 다른 곳에 지출하는 돈이 늘어났다는 것이 가장 큰 이유다. 취미 등에 투자하는 비율도 점점 늘어나고 있다.

이때 집세 비율이 높으면 이 사람은 주택환경을 중시한다고 판단한다. 이른바 엥겔계수가 높은 사람에게는 '아이들을 위해서'라는 말로 설득하면 좋다.

설문지에 수치를 정확히 써달라고 부탁할 필요는 없다. 영업사원이 설명할 때 살짝 물어보면 충분하다. 아이를 데려왔다면 복장을 잘 살펴보면 짐작할 수 있다.

'아, 고급브랜드다', '이 사람은 복장은 그다지 신경 쓰지 않는구나' 라는 식으로 생각한다.

설명을 해주면 고객이 '아', '오', '와' 라는 감탄사로 반응하는 경우가 있는데 이런 것을 놓쳐서는 안 된다.

모델하우스를 방문하는 고객은 대부분 충동구매는 하지 않겠다는 결심으로 온다. 아주 중요한 결정이고 다른 모델하우스도 보고 싶기 때문이다. 그 자리에서 당장 결심하면 계획에 차질이 생길 수도 있다.

영업사원이 의외로 큰 발견을 할 때가 있다. 고객이 감동을 받고 '아', '오', '와' 라고 엉겁결에 감탄사를 내뱉으며 허술한 틈을 보이면 즉시 공략해야 한다.

굳게 무장한 상대는 웬만한 공격으로는 쉽게 무너지지 않는다. 반대로 고객은 '아', '오', '와' 라는 감탄사를 흘리지 않도록 준비해야 한다.

물고기도 미끼가 없으면 잡을 수 없다. 그런데 상대는 사람이다. 게다가 방어자세를 취하고 있는 고객이다. 평범한 장치로 고객을 잡기란 쉽지 않다.

모델하우스는 벽에 거는 그림, 인테리어, 와인, 유리잔 등 소품을 모두 이용해서 연출한다. 주택을 구입하려는 사람은 좀 더 풍족한 생활을 맛보고 싶다는 꿈이 있다. 이런 꿈이 실현되도록 꿈을 제시해주는 것이 핵심이다.

이것이 회사 판촉활동에서 수많은 상을 휩쓴 최고의 영업사원의 판단이다.

'핵심인물 한 사람은 5표를 갖고 있다'고 판단할 수 있는가

영업사원은 통찰력이 부족하면 살아남기 힘들다. 최고의 영업사원은 통찰력이 뛰어나기 때문에 높은 실적을 올린다.

여기서 의미하는 통찰력이란 누가 핵심인물인지 꿰뚫어보거나 판단하는 기술이다.

사람은 두 명 이상 모이면 반드시 지도자와 추종자로 갈라진다. 지도자는 결재권을 갖고 있으며 추종자는 그 결정을 따른다. 10명이 있다고 해서 10명이 모두 평등하게 표를 갖지는 않는다. 혼자서 5표를 갖고 있는 사람이 틀림없이 존재하며 그 사람이 핵심인물이다.

비즈니스는 핵심인물이 누구인지 잘못 판단하면 성공하기 어렵다.

나는 영업사원 시절에 판단 착오로 실패한 사람을 여러 명

보았다.

"아직도 결정이 안 났어?"

"네. 상대가 굳게 무장해서 공략하기가 어렵습니다."

"그래 얼마나 도전했는데?"

"대강 3년 정도 됩니다."

"······?"

어떤 사람을 만나러 다녔나 명함을 살펴봤더니 임원이 아니라 결재권이 없는 부하였다. 내 경험상 이 계약은 영원히 체결되지 않을 가능성이 크다.

"저도 그건 알고 있습니다.

"그럼 앞으로 어떻게 할 생각이야?"

"담당자가 상사를 설득하길 바라고 있습니다."

"왜 자네가 직접 상사를 만나서 설득하지 않는 건가?"

"그렇게 하면 담당자의 체면이 말이 아니게 됩니다."

"!?"

과연 그럴까? 나는 그렇지 않다고 생각한다. 이야기를 들어보니 내 머릿속에 그 담당자가 귀찮은 듯 난처한 표정을 짓고 있는 모습이 그려진다.

"좋아. 그럼 이번에는 나와 함께 가세. 대신 인사차 방문한다는 의미이므로 부장이나 적어도 과장은 만날 수 있게 해달라고 그쪽에 부탁하게."

결국 상대편 부장을 만났는데 생전 처음 듣는 이야기라고 했다. 3년 동안의 노력이 핵심인물에게 전혀 전달되지 않았던 것이다. 담당자는 여유가 있어서 상대해준 것이지 윗사람에게 전할 마음은 없었던 모양이다. 우습게도 이 교섭은 부장을 한번 만남으로써 성사되었다.

이것은 교섭이 능숙한가 서투른가, 라는 차원이 아니다. 누구와 교섭하느냐가 문제였다.

혼자서 5표 분량을 갖고 있는 핵심인물이기 때문에 교섭할 가치가 있다. 핵심인물 한 명과 나누는 교섭은 5명 분량, 아니 그 이상의 효과가 있다.

따라서 최고의 영업사원은 설령 면담에 성공해도 이 사람은 핵심인물이 아니라고 판단하면 그냥 가벼운 이야기만 하고 그 자리에서 나온다. 상대의 체면을 신경 쓴다면 오히려 깊이 들어가지 않는 편이 낫기 때문이다.

핵심인물과 나누는 교섭은 아주 중요하다.

누가 주역인지 판단한다

그렇다면 어떤 인물이 5표 분량을 갖고 있는 핵심인물인가? 최고의 영업사원은 직감적으로 핵심인물을 탐지해낸다.

거의 무의식적인데 핵심인물을 탐지해낼 수 있는 이유는 조사, 정보, 지금까지의 경험, 경력, 날카로운 감성이다. '이런 유형은 결재권을 갖고 있지 않다', '이런 유형은 즉시 결정할 수 있다'라고 인식한 후 머릿속에 성공사례, 실패사례를 분별해서 정리한다. 면담하는 순간에 두뇌는 자동적으로 가동해서 핵심인물인지 아닌지 판단한다.

물론 명함을 교환하면 상대의 지위를 금세 알 수 있다. 담당자 차원보다는 과장, 과장보다는 부장, 부장보다는 임원, 사장이 결재권이 있다는 사실은 실적이 안 좋은 영업사원도 당연히 알고 있다.

하지만 최고의 영업사원은 조금 다른 식으로 판단한다. 직함이라는 디지털정보가 아니라 이야기하는 모습, 태도, 분위기와 같은 아날로그정보를 통해 이 사람이 결재권을 갖고 있다거나 이 사람은 지위는 높지만 최종 결정권은 없다는 판단을 내린다.

구체적으로 살펴보자.

예를 들어 자동차를 판매한다고 하자. 휴일에 아기를 안고 있는 젊은 부부가 전시장을 방문했다. 전시장까지 찾아오는 고객은 대부분 지금 자동차를 구입할 의사가 있다. 최고의 영업사원이라면 이들을 절대로 놓치지 않는다. 이 자리에서 꼭 판매해야지 그렇지 않으면 인연이 닿지 않는다는 각오로 대한다.

영업사원은 고객이 자동차를 살펴보는 동안 방해가 되지 않도록 이것저것 넌지시 묻는다. 어떤 자동차를 마음에 들어하는지, 기호, 목적은 무엇인지, 누가 핵심인물인지 파악하기 위해서다. 대개 남편이 핵심인물일 때가 많으므로 먼저 그쪽에 이야기를 건다.

"자동차를 바꾸실 계획입니까?"

"가족이 늘었거든요. 지금 타는 자동차는 너무 좁아서요."

"2도어 자동차는 3명이 타기에는 좀 불편하죠. 4도어 세단이 좋을 듯합니다. 왜건이나 원박스 카는 어떠십니까?"

"그것도 괜찮아요. 여보, 당신은 어떻게 생각해?"라고 아내에게 묻는다.

"네, 아무래도 차가 크면 편하죠."

이 시점에서 남편은 왜건을 구입하기로 마음먹었다. 그런데 이 집은 최종 결정권이 부인에게 있는 듯했다. 남편이 아내의 의견을 존중하기 때문에 만일 마음에 들지 않는다고 하면 다른 자동차를 알아볼 것이다. 부인은 고급브랜드를 좋아하는 듯했다. 오늘은 가벼운 평상복 차림을 하고 있지만 구두, 목걸이, 귀걸이 등 액세서리를 모 브랜드로 통일했다.

"아이가 좀 커지면 캠프나 스키, 낚시, 등 야외로 나갈 때 유용합니다. 물론 시내에서 드라이브할 때도 좋죠. 요즘 거리에서 가장 눈에 잘 띠고 평판이 좋은 자동차예요. 긴자, 시부야에 끌고 나가도 아주 멋지죠."

"어때?"라고 남편이 아내에게 다시 확인한다.

"저도 이게 좋아요."

이렇게 계약은 성사되었다.

이야기하는 모습, 태도, 분위기로 핵심인물이 누구인지 판단한다

이번에는 법인영업을 예로 들어 보자. 다음은 '지도력 세미나'를 판매하는 영업사원과 인사교육부 담당자, 과장 사이에 이루어지는 교섭 사례다.

담당자가 "이 세미나의 장점은 뭐죠?"라고 물었다. 교섭을 할 때는 주로 담당자가 질문하고 상사는 물러 나있는 경우도 있는 반면 상사가 질문하고 담당자는 조용히 기록하는 경우도 있다. 이번 교섭은 담당자가 주로 질문하고 상사는 물러 나있는 경우다.

"자신의 머리로 생각하는 사원을 양성한다는 장점이 있습니다. 지도력이란 상사가 일일이 지시하기보다는 부하가 스스로 깨닫도록 이끌어주는 능력입니다. 스스로 문제를 발견하고 대책을 세우고 행동하는 사원을 양성하는 지도자를 만드는 것입니다."

"그게 가능한 일인가요?"

"네. 지금까지 기록한 실적이 이를 증명해줍니다. 수강생을 보낸 상사의 의견, 무엇이 중요한지 비로소 이해했다는 수강생의 의견도 있습니다. 지도자로서 관리, 기술을 익혔다는 인사교육부문의 감상도 있습니다. 자세히 읽어보시기 바랍니다."

"과장님, 이겁니다"라며 자료를 건넸다. 과장은 자료를 읽어보기는 하지만 별 반응이 없다.

"혹시 궁금하신 점은 없습니까?"

"세미나를 담당하는 전문가로서 당신은 어떤 세미나가 가장 바람직하다고 생각합니까?"

"아, 네. 아무래도 머리로만 이해하는 공부가 아닌 온몸으로 느끼는 공부죠. 한마디로 말해 인간교육입니다. ○○과장님도 일방적인 강의 형식보다 많은 지도자가 현장에서 안고 있는 문제를 중심으로 충분히 의논하며 해결을 모색하는 실전적인 강의를 원하시지 않습니까? 저희의 지도력 세미나 프로그램을 통해 현장 지도자가 부하의 문제를 해결하기 바랍니다. 부디 긍정적으로 검토해주시기 바랍니다."

"알겠습니다. 긍정적으로 검토하겠습니다."

영업사원이 이 교섭이 성공한다고 판단하는 시기는 항상 듣는 역할이었던 과장이 논의에 참여할 때다. 진심을 털어놓지 않는 사람이 무심코 던진 말에 모든 것이 드러나게 된다. 그것을 자각하고 있기 때문에 방어본능으로 의사표시를 하지 않는지도 모른다.

일반적으로 부하보다 상사가 핵심인물일 때가 많다. 상사가 결재권을 갖고 있기 때문이다. 하지만 항상 그렇지는 않다. 자신의 의견보다 먼저 현장의 목소리를 판단 기준의 최우선 사항으로 놓는 사람도 있다.

어느 쪽이 상사인지 알 수 없는 상황도 꽤 있다. 예를 들어 마요네즈로 유명한 큐피(Kewpie)라는 회사에서는 사장이든 전무든 아무도 명함에 직책을 기입하지 않는다. '큰일이다' 임원을 포함해서 5명이 쭉 앉아있는데 누가 결정권을 가졌는지 전혀 알 수가 없다. 명함에 직책이 없을 뿐만 아니라 서로 '씨'라고 존칭하는 회사였다.

전에 미국에서 여자친구가 비즈니스 때문에 일본을 방문한 적이 있었다. 공항에 마중을 갔는데 연배의 신사와 함께 있었다. 그 신사는 짐수레에 가방을 여러 개 올려놓고 끌고 갔다.

"상사 가방인데 네가 좀 도와줘야 하는 거 아냐?"

미국은 여자를 존중하는 나라라며 감탄했는데 내 판단 착오였다.

"저 사람? 내 비서야."

이런 경우도 있으므로 겉모습만으로 판단하지 않도록 주의해야 한다.

그렇다면 도대체 어떤 사람이 핵심인물일까? 결론부터 말하면 '존경을 받는 인물인가 아닌가'로 판단하면 된다. 구체적으로 설명하면 다음과 같은 사람이 핵심인물이다.

① 예민하고 명석한 인물

'우리 회사에서도 필요하다고 생각될 정도로 일 잘하는 사람'이다. 일을 잘하면 팀에서 존경을 받게 된다. 실제로 그들의 의견과 제안이 채택될 확률은 아주 높다. 연령 등은 상관이 없다.

② 대화를 할 때 주도권이 있다

자신의 의견을 적극적으로 말하는 사람이다. 내용이 좋을수록 가능성이 크다. 단순히 이야기하는 것이 아니라 정리된 의견을 능숙하게 표현하는 사람이 핵심인물이다. 예로 들었던 큐피의 경우 이 점에 주의해서 핵심인물을 찾아내면 된다.

술집에 모인 5명 정도의 그룹이라도 이 점을 눈여겨보면 누가 핵심인물인지 알 수 있다. 어느새 화제의 중심이 되기 때문이다. 대화의 분량이 아니다. 그 사람이 이야기하면 주위 사람이 주목하거나 결론이 나오기 전에 의견을 구하게 된다.

예를 들어 "○○씨 어떻게 생각하십니까?"라는 질문을 받는 사람이다.

③ 앉는 위치

예절교본에 있듯이 술집이나 택시를 타는 위치에도 상하관계가 있다.

응접실은 가장 안쪽이고 회의실에서 프레젠테이션하는 경우 가장 앞쪽에 담당자, 가장 안쪽 혹은 중앙에 앉아있는 사람이 핵심인물일 가능성이 크다.

어떤가? 정확하지는 않더라도 비슷하지 않은가? 5명 가운데 핵심인물을 찾아내야 하므로 영업사원은 신경을 최대한 집중시켜야 한다. 멍하게 듣고 있어서는 통찰력이 생길 리가 없다.

왜 좀 더 효과적인 방법을 사용하지 않는가?

"방금 구입한 고객에게는 시간 여유를 주어야 또 구입한다."

"너무 비싸면 다시 고객이 되기 힘들다."

고객이 모델하우스를 마음에 들어한다고 해서 한 채 더 구입하기는 어렵다. 너무 비싸기 때문이다. 그래서 영업사원은 항상 신규고객을 찾는다.

판매의 세계에서 유능한 영업사원은 계속해서 고객을 소개받는다. 나 역시 한때 최고의 영업사원이었기에 잘 알고 있다.

최고의 영업사원과 평범한 영업사원의 가장 큰 차이는 사실 이 점밖에 없다. 줄줄이 고객을 확보할 수 있는가 없는가의 차이다. 조금만 생각해보면 판매에서 가장 어려운 점은 신규 고객을 찾는 일임을 알 수 있다. 전혀 모르는 상대에게 상품을 정확하게 설명해야 하지만 인사조차 만족스럽게 할 만한 시간이 주어지지 않을 때가 많다. 당연히 상대가 이름을 기억할 리가 없다.

그런데 일단 거래를 체결한 고객이 아는 사람, 친구를 미래의 고객으로 소개시켜주는 경우에는 상황은 달라진다. 상대는 이쪽을 무조건적으로 받아들여준다. 만나주거나 이야기를 끝가지 들어준다. 오로지 '소개'라는 두 글자가 큰 위력을 발휘하는 것이다

소개 유무에 따라 앞으로의 상담이 얼마나 순조롭고 편하게 진행되는가가 결정된다.

나는 생명보험, 손해보험, 자동차, 주택, 건강식품 분야에서 최고의 영업사원을 상당히 많이 알고 있다. 이들은 모든

에너지를 다른 사람을 소개받는 일에 집중하고 있다. 그 효과를 충분히 인식하고 있기 때문이다.

그렇다면 모든 영업사원이 "다른 분도 좀 소개시켜주세요", "부탁드립니다"라고 고객에게 소개를 부탁하면 될 텐데 왜 그렇게 하지 않을까?

이렇게 편리한 방법이 있는데 어째서 매번 신규고객을 방문하고 거절당하는 작업을 반복할까?

왜 그렇게 시간 낭비를 할까? 나는 그 점이 이해가 되지 않았다.

최고의 영업사원과 그렇지 않은 사람의 차이는 소개를 받느냐 받지 못하느냐에 달렸고 이 점은 여러 번 강조해도 부족함이 없다.

평범한 영업사원이 다른 사람을 소개시켜달라고 하지 못하는 이유는 하나밖에 없다.

조심스럽기 때문이다. 바꿔 말하면 거절당하고 싶지 않아서다. "그런 염치없는 부탁은 하지 마세요"라는 말을 들을지도 모른다고 제멋대로 판단한 후 스스로 좋은 기회를 거부한다. 최고의 영업사원은 고객을 소개받는 방법이 너무 매력적이라서 한두 번 거절당하는 일은 신경조차 쓰지 않는다.

이런 차이가 최고의 영업사원과 그렇지 않은 영업사원을 가른다.

영업사원이 종종 하는 "한번 인연을 맺은 고객은 끝까지 소중히 여긴다"라는 말은 소개받을 때까지 그 고객을 절대로 멀리하지 않는다는 의미이기도 하다. 거절할지 받아들일지는 고객의 판단이지 영업사원이 판단해야 할 부분이 아니다. 따라서 지나가는 말로 부탁해본다.

고객이 "좋습니다"라고 받아들이면 고생하지 않고 쉽게 일을 진행할 수도 있다. 한번 소개해준 고객은 이제 가족이나 다름없다. 책임을 다하면 고객은 틀림없이 응원해준다.

이 점을 이해하면 반드시 최고의 영업사원이 될 수 있다.

최고의 영업사원은 "여기까지 올 수 있었던 것은 모두 고객 덕분이다"라며 기특한 말을 하는데 이것은 진심이다. 정말로 최고의 영업사원을 지지해주는 사람은 바로 고객이다.

의외로 판매의 핵심은 간단하다.

최고의 비즈니스맨은 이런 판단을 한다

쇼난 공과대학(湘南工科大學)의 이사장이며 중의원 의원이었던 이토야마 에타로(絲山英太郎)는 비즈니스맨이던 시절에 상식을 초월한 일을 척척 해냈다.

골프가 엘리트 스포츠로 여겨지던 시절의 일이다. 이토야마 에타로의 아버지는 그에게 골프 회원권을 판매하라고 명령했다.

그는 골프를 대중화시켜야겠다는 생각을 했다. 대중은 숫자가 많으므로 구매 기회도 늘어나리라 판단했다.

상식적으로 생각할 때 골프 회원권은 부자나 회사 일을 빙자해서 회사 돈을 써대는 사람에게 판매해야 한다. 대중이라는 시장에 판매하려고 생각하지 않는 것이 보통이다.

머리로 판단하는 사람은 대중에게 판매하는 것은 무리다, 안 된다고 생각한다. 하지만 그는 '대중이라는 시장에서 판매하자' 라고 판단했다.

무슨 일이든 생각대로 된다. 비즈니스는 '70퍼센트의 논리와 30퍼센트의 무리수' 다. 무리수를 길로 바꾸는 것이 창의력 공부다.

이토야마 에타로는 대책을 강구했다. 골프 회원권을 봉급생활자가 구입할 수 있는 가격대로 만드는 것이 최우선이라고 생각했다. 그렇다고 덤핑을 해서는 안 된다. 골프 회원권을 대량으로 발행하면 예약이 어려워지기 때문이다. '그곳은 항상 붐벼서 예약이 불가능하다' 는 안 좋은 평판이 돈다. 이래서는 다음 비즈니스에 지장이 있다.

그래서 사용한 방법이 요즘 말로 표현하면 '가격파괴' 다. 그러자 순식간에 골프 회원권이 모두 팔렸다.

물론 가격파괴는 칼날과 같다. 싸게 판매하면 당연히 이익이 줄어든다. 그렇다면 박리다매를 하는 수밖에 없다. 하지만 이 방법은 고객의 불만이 높아지기 때문에 포기했다.

도대체 어떻게 해야 할까?

경비를 줄이는 방법이 남았다. 실제로 그는 판매 경비를 철저히 절약했다. 하지만 그러다가는 골프 회원권을 판매하기 어려워진다. 그는 경비가 들지 않는 영업사원을 활용하는 방법을 생각해냈다.

도대체 그런 영업사원이 어디에 있다는 말인가?

실제로 존재한다.

어디에?

은행이다.

은행원을 영업사원으로 편입시키는 방법이다. 은행이란 곳은 보통 예금을 하거나 융자를 받거나 자금을 운용해주는 곳이다. 하지만 이토야마 에타로는 조금 다르게 판단했다.

'은행은 예금을 유치하기 위해서는 무엇이든 한다.'

거품경제 시절을 생각해보면 알 수 있다. 하루아침에 땅부자가 된 농가에서 예금을 유치하기 위해 은행원이 그쪽과 결혼하는 일도 있었다. 사람을 제공하는 방법이다. 거품경제 전에도 이런 일이 있었을 것이다.

"회원권을 판매해주면 그만큼 예금을 하겠다."

이런 말을 꺼냈더니 은행원의 눈빛이 달라졌다. 당시 은행은 신용이 있었기 때문에 은행원이 단골손님에게 골프회원권을 소개하면 틀림없이 구입했다.

이토야마 에타로는 이렇게 골프 회원권을 판매했다. 이 사람은 보통 사람이 아닌 수완가다.

은행과 거래할 때는 '주고받는 것'을 철저히 해야 한다

나도 영업사원이던 시절에 은행을 철저히 이용했다.

은행은 수평적인 의식이 강하다. 같은 상품, 비슷한 인재와 근무시간, 분위기도 비슷하다. 같은 부류이므로 경쟁이 치열하다.

이 점을 잘 인식한 후 당근과 채찍을 번갈아 사용해야 한다.

"이만큼 매출에 협력해주면 이 정도 예금을 보증하겠다."

주고받는(give and take) 자세로 교섭해야 한다. 영업사원이었던 경험을 통해 은행만은 의리나 인정이 전혀 통하지 않는다는 사실을 깨달았다. 돈이 의리와 인정을 움직이게 하면 끝이라고 판단하고 있다. 실제로 영업을 할 때 판단 기준이 느슨한 곳은 거품경제 후 재정이 부실해졌다. 느슨한 판단은 안 좋은 결과를 가져온다.

금융기관은 냉정하게 일을 처리해야 하는 곳이다.

내가 유독 금융기관에 대해서는 주고받는 자세로 임하는 것은 예전에 했던 판단 착오 때문이다. 정공법을 사용해서 크게 실패했던 적이 있다.

처음에는 담당 창구인 총무부, 인사, 비서실 등에 상품을 판매했다. 겉으로는 공손한 체했지만 사실은 무례한 태도로 대했다. 시간은 많이 투자했는데 만족할 만한 대접을 받지는 못했다. 결국 식당에 홍보물을 붙이는 정도의 협력밖에 얻지 못했다. 내가 다닌 은행은 은행원이 만 명이나 되는데 나는 만 엔밖에 매출을 올리지 못했다. 울고 싶어도 울 수도 없었다.

나는 20대 중반에 잠깐 영업사원을 한 경력이 있었다. 그래서 은행 영업을 가볍게 생각했던 것 같다. 금융기관에 6개월 정도 왔다갔다 하다보니 공격방식이 잘못되었다는 사실을 깨달았다.

사실 은행에는 조사부와 업무추진부라는 엘리트 부서가 있다. 조사부는 다소 마니아 성향이 있지만 조사보고서를 배포하고 그 정보가 정확한지 아닌지는 별개로 신뢰해야 한다는 마음이 있다. 업무추진부는 각 지점이 날마다 업무를 확인하고 있으므로 그들과 대등하게 맞서기가 어려웠다. 모든 지점을 공략하기 위해서는 업무추진부을 최우선으로 해야 한다.

적당한 시기를 봐서 업무추진부와 접촉을 하고 예금과 거래를 미끼로 해서 강력하게 모든 지점을 공략했다. 나는 측면에서 주요 지점의 은행원들에게 접근했다. 그러자 정공법 시절과 비교해서 내 매출 실적이 500배가 되었다. 천국과 지옥, 하늘과 땅 차이였다.

조사부 사람들과 교류하면서 느낀 점인데 엘리트 은행원일수록 강제력을 느끼는 듯했다. 그래서 모두 신청하는 습성이 있다. 은행원의 슬픈 성향인지도 모른다. 사실 나는 아무래도 괜찮다. 다만 그들의 성향을 비즈니스에 활용시킬 따름이다.

신상품과 잘 팔리는 상품 어느 쪽이 중요한가?

일은 매너리즘에 빠지면 끝이다. 매너리즘은 사고의 정지를 의미한다.

사고의 정지란 변화에 대한 감각이 없어지는 것이다.

나는 이런 경험이 있다.

예를 들어 신상품이 발매되었다고 하자. 당연히 선전, 판촉, 홍보를 해서 조금이라도 신상품을 많이 판매할 수 있도록 지원해야 한다. 특히 신상품의 경우 이번 달 주요 상품, 이번 시기의 주력 상품이라고 대대적으로 홍보해서 크게 성공하는 회사가 많다.

앞서 설명했듯이 상품은 일반적으로 ① 도입기, ② 성장기, ③ 성숙기, ④ 쇠퇴기, 4주기를 거친다. 그리고 다음 상품으로 이어지는 것이 숙명이다. 신상품을 정기적으로 계속해서 세상에 내보냄으로써 회사는 살아남을 수 있다.

이때 회사는 딜레마에 빠진다. 딜레마라고 깨달으면 그나마 다행이다. 그러나 대개 자동적으로(머리를 전혀 사용하지 않고) 신상품을 최우선으로 판매해야 하는 상품이라고 판단한다.

기업에게 중요한 상품은 신상품인가 그렇지 않으면 잘 팔리는 상품인가? 정답은 양쪽 다 중요하다는 것이다.

양쪽 다 중요하기는 하지만 어느 쪽을 우선해야 할까? 홍보를 할 때는 어느 쪽을 좀 더 눈에 잘 띄는 위치에 배치해야 할까, 주문서에서 어느 쪽을 잘 보이는 위치에 두어야 할까?

신상품 발매 홍보를 강화해야 하는 달이라고 상층부에서 강조해도 나는 잘 팔리는 상품을 추월하는 실적(기세)을 보일 때까지는 절대로 주력 상품으로 취급하지 않았다. 그 전까지 주력 상품은 잘 팔리는 상품이다. 물론 신상품을 잘 팔리는 상품으로 키우는 일도 중요하다. 하지만 신상품이 잘 팔리는 상품이 되기란 쉽지 않으므로 이런 판단은 그리 도움이 되지 않는다.

영업사원 중에는 회사의 방침을 확실히 지키고 신상품이 발매되면 바로 판매 확대에 전력을 다하는 사람이 있다. 그래서 잘 팔리는 상품은 판매가 뚝 떨어지게 된다. 영업사원은 이른바 하나의 상점이다. 이런 상점이 그 상품은 이제 취급하지 않는다고 선언하는 것이다.

안타깝게도 이런 영업사원일수록 매출을 달성하지 못해서 괴로워한다. 당연한 이야기다. 가장 잘 팔리는 상품을 판매하지 않고 새로운 상품만 판매하려고 하니 일이 잘 진행될 리가 없다. 실력이 동반될 때까지는 새로운 상품을 주력 상품으로 변경해서는 안 된다.

'신상품은 아무도 알지 못하므로 선전하지 않으면 팔리지가 않는다. 기존의 방식으로는 항상 잘 팔리는 상품만 팔리게 된다'고 생각할지도 모른다. 하지만 그렇지 않다.

예를 들어 나는 팜플렛 1장에 잘 팔리는 상품, 신상품을 함께 실어서 판매한다. 힘이 있는 신상품이라면 혼자서 자연히 뜬다. 설득 상품(비싼 물건으로 영업사원이 직접 설득해서 판매하는 상품이다. 이를테면 주택이나 자동차 등)은 별도로 하고 잘 팔리지 않는 상품은 아무리 선전해도 팔리지 않는다.

반대로 실적이 오르는 품목이 있으면 어떻게 해야 좀 더 많이 팔 수 있을지 생각해야 한다. 실적을 올리기 위해서는 그만큼의 '무언가' 가 있다. 이런 판단이 불가능한 영업사원은 절대로 성공할 수 없다.

호텔 경영의 승리 개혁은 '고객만족'이다

거품경제 붕괴 후 디플레이션이라는 불황이 계속되고 있다. 거품경제의 후유증을 직접적으로 겪은 곳은 당시 일본 전역에 세워진 리조트일 것이다. 제3섹터(The Third Sector. 국가와 시장영역을 제외한 나머지 영역, 비영리영역을 말한다)는 아주 비참할 정도다.

리조트와 제3섹터를 탈세에 이용하는 사람도 있었다.

하지만 민간 리조트회사는 탈세가 어렵다. 세금에서 벗어날 수도 없고 부활도 불가능한 이유는 고객을 끌어 모으는 힘이 없기 때문이다. 유행에 따라 리조트를 세우기 때문에 아무런 부가가치가 없다. 마을 전체가 텅 비어있는 곳도 적지 않다.

그런데 리조트 지배인을 중심으로 모든 직원이 한 마음이 되어 불황을 극복한 회사가 있다. 군마현(群馬縣)에 있는 도큐

하베스트 클럽(東急ハーヴェストクラブ) 기누가와(鬼怒川)다.

기누가와만 특별히 상황이 나빴던 것은 아니다. 리조트 불황은 일본 전역이 마찬가지다.

신임 지배인은 고객이 감소하는 현상을 막고 다시 번성하기 위해서는 고객만족을 철저히 하는 수밖에 없다고 판단했고 이것이 성공을 거두었다.

부임과 동시에 새 지배인은 리조트 주위에 있는 온천여관을 모두 돌아다녔다고 한다.

대부분 단체 여행객이 머무는 온천여관으로 서비스가 비슷비슷하다. 현관을 들어서면 종업원이 쭉 늘어서서 어서 오세요, 라고 인사한다. 안타깝게도 형식적인 인사와 태도로 매너리즘이 느껴지는 곳이 많았다. 식사도 큰 객실에 몇 시간 전에 만들었는지 알기 어려운 음식을 쫙 늘어놓았다. 식사가 끝나면 어느새 방에는 이불이 깔려있다. 이것이 온천여관의 현실이다.

'우리 리조트는 정반대의 서비스를 해야겠다'

먼저 숙박객에게 진심으로 웃는 얼굴을 보이기 위해 '최상의 서비스 프로그램'을 개발했다. 고객과 직원이 인사하는 장면을 비디오로 촬영해서 자신이 도대체 어떻게 고객을 접대하고 있는지 실제로 점검하는 프로그램이다. "난 무표정한 얼굴로 인사하지 않는다"라고 말하는 사람도 비디오를 보면

"아니? 정말이네"라고 확인하게 된다. 사람은 원래 자신에 대해 관대하기 쉽다. '알고 있는 것' 과 '할 수 있는 것' 은 다르다.

물론 커튼, 침대보, 조명 등 정기적으로 인테리어를 바꿔주는 일이 중요하다. 이것은 하드웨어 측면의 서비스다. 호텔, 리조트와 같이 사람을 상대하는 비즈니스에서는 하드웨어도 중요하지만 소프트웨어가 좀 더 중요하다.

레스토랑에서 내놓는 메뉴를 결정할 때 가장 중요한 요인은 무엇인가?

음식의 배색과 내용도 중요하지만 역시 가격이다. 비싼가 싼가 혹은 적당하다는 느낌을 받을 수 있는가? 가격 차이만으로 음식을 차별화시키는 레스토랑은 많다.

도큐하베스트 클럽에서는 이 점을 개선했다. 음식마다 주제를 추구했다. 현재 인기가 있는 음식은 기누가와의 특성을 살린 '토속 음식 코스(regional course)' 다.

'모처럼 기누가와에 왔으니까 이 지역 음식을 먹고 싶다' 는 이용객의 요구에 부응한 것이다. 온천여관에서 제공하는 음식은 계절, 지역과 상관없이 모듬회, 왕새우, 쇠고기 돌구이가 3대 필수 요리다. 하지만 입맛이 까다로운 고객은 이런 음식에 흥미가 없다. 그 지역 특성이 담긴 음식을 먹고 싶다는 바람이 있다.

회원제 호텔은 1년에 몇 번이나 방문하는 단골손님이 많다. 달마다 다양한 요리를 제공하고 있기 때문이다.

이용객과 활발히 커뮤니케이션하기 위해 데이터베이스를 완벽하게 활용한다. 생일, 결혼기념일, 입회기념일, 가족 생일 등 그때마다 세심하게 우편물을 발송한다. 한 사람 당 1년 동안 평균 6통 정도는 받는다고 한다. '의견 카드'라는 시스템은 이용객의 의견이나 주문, 불만사항을 적으면 담당자가 즉시 처리하는 제도로 책임자가 확인한 후 고객에게 회답한다. 그러면 '그곳은 대처가 빠르다', '친절하게 회답해주었다'라는 강한 인상을 갖게 된다.

여기서는 회원권을 구입해서 10년이 지나면 갱신하는 보증 제도가 있다. 별로 이용하지 않은 회원이나 투기 목적으로 구입한 사람은 그때 매각하는데 지금은 탈퇴율이 크게 줄었다고 한다. 반대로 신규 회원은 급증하고 있다.

요즘 같은 불황 속에서 전년대비 110퍼센트 매출 증가라는 실적은 어려움을 잘 헤쳐왔다고 할 수 있다.

고객이 오지 않는다면 찾아가라

호텔 오쿠라(Hotel Okura)는 일본을 대표하는 호텔이다. 아는 사람이나 친구 중에 호텔 오쿠라의 단골손님이 몇 명 있으며 안면이 있는 호텔 간부도 꽤 된다.

'카메리아(cameria)'라는 레스토랑은 평판이 좋고 나도 자주 이용한다.

하지만 호텔 비즈니스는 원인과 결과가 분명한 사업으로 어제의 숙소는 팔리지 않는다. 어제의 신문은 화장실 종이밖에 될 수 없는 것과 같다. 호텔은 한 번 놓친 기회는 다시 회복할 수 없다. 그 날 판매하지 않으면 안 되기 때문으로 이것이 숙명이다.

호텔의 객실 수는 한정되어 있으므로 아무리 노력해도 100퍼센트 이상은 성장할 수 없다.

당연히 매출을 늘리기 위해서는 숙박 이외의 분야를 개발하는 수밖에 없다. 예를 들면 결혼식, 축하연과 같은 이벤트, 음식 분야다. 호텔 오쿠라는 맛있는 스테이크하우스와 중국음식점, 일식요리점이 있으므로 이곳을 개발해야 한다.

카메리아는 레스토랑, 커피숍으로 널리 이용되고 있지만 고객 수를 늘리려고 해도 호텔의 객실 수와 마찬가지로 테이블 숫자 이상은 불가능하다. 레스토랑 비즈니스는 한계가 있다.

하지만 정말 그럴까?

고객 수를 늘릴 만한 아이디어는 없을까?

'고객 수' 라는 의식을 '매출' 로 바꾸면 도약할 수 있을지도 모른다. 즉, 매출의 근원을 늘리는 것이다.

① 가게에서 식사하는 고객 수를 늘린다

메뉴를 개발하고 고객을 모으기 위해 노력한다. 또한 케이크, 즉석카레, 치즈, 반찬 등을 알차게 준비하고 토속품을 판매한다.

② 가게에서 식사하지 않는 고객의 매출을 늘린다

기본은 테이크아웃(take-out), 즉 가져가는 음식이다. 요즘은 백화점 지하에서 '조리가 다 된 음식' 을 먹는 것이 붐이다. 백화점 지하를 잇는 붐은 '호텔 1층' 이다.

오사카 리거로열 호텔(Rihga Royal Hotel)이 반찬 전문점 '멜리사(Melissa)' 를 개점한 것이 기폭제가 되어 연배의 주부층을 중심으로 인기를 모았고 도쿄의 일류호텔에도 영향을 주었다. 호텔 내의 고급레스토랑에서 만든 반찬을 내세운 것이다.

'호텔의 맛을 집에서도 즐길 수 있다. 모든 고객의 요구에 부응했다' 는 상품은 백화점 지하보다 20퍼센트 정도 비싸지만 '외식 기분을 내는 조리가 다 된 음식' 이라 만족도가 높다.

2003년 총무성 가계조사연보에 따르면 간사이(關西) 지방에서는 월 1인당 지출하는 '조리가 다 된 음식'은 4,435엔, 외식은 만 3,300엔인데 이 수치가 역전될 가능성은 충분하다. 참고로 간토(關東) 지방에서는 각각 8,825엔, 만 6,992엔이었다.

③ 호텔에 오지 않는 고객의 매출을 늘린다

배달 서비스로 고객이 오지 않는다면 찾아간다는 의미다. 호텔에서 충분히 도전할 수 있는 방법이다.

카메리아에서는 세 가지 방법을 모두 사용하고 있다. 이제는 유명 호텔이라고 해서 가만히 앉아 있어서는 돈을 벌 수 없는 시대다. 고객이 오기를 기다리기만 해서는 안 된다. 초밥집, 중국음식점 등에서는 포장해서 판매해주는 서비스를 하는데 호텔에서는 아직도 그렇게 하지 않고 있다. 백화점 지하에서 '조리가 다 된 음식'을 판매하는 데 힘을 쓸 때부터 위기의식은 시작되었다고 생각한다.

'기술자를 놀게 할 이유가 없다'

생각해보면 테이크아웃은 레스토랑과 달리 고객 수가 무한대다. 하지만 식물형 판매이므로 고객을 기다리는 수밖에 없다. 반면 오토바이로 배달하는 서비스는 동물형 판매이므로 얼마든지 매출을 늘릴 수 있다.

장점은 또 있다. 고객이 찾아오면 음식을 황급히 만드는 것이 아니라 미리 만들어둘 수도 있다.

카메리아의 상황을 보면 비즈니스 기회를 점에서 출발시켜

점점 면으로 발전시키고 있음을 알 수 있다. 고객과 접촉하는 기회를 늘려야 레스토랑 비즈니스는 발전할 수 있다.

눈에 띄는 예리한 판단

판매에서 가장 중요한 핵심은 다음 두 가지다.

① '판매'란 무엇인가?
② '매출', '이익'을 얼마나 올리고 싶은가?

핵심은 두 가지밖에 없다. 극단적으로 말해 나머지는 부수적인 문제일 뿐이다.

판매에서 성공하고 싶다면 먼저 '판매'는 무엇인가를 충분히 생각해야 한다. 이 점을 생각하지 않고 '분발하겠습니다', '열심히 하겠습니다', '노력하겠습니다'라고 말해봤자 숫자는 정확하다. 아무런 성과도 나타나지 않는다.

왜 그럴까?

아무것도 하지 않는 것과 같기 때문이다. 실제로 아무것도 하지 않는다고 생각한다.

'판매'란 다른 곳에서는 제공할 수 없는 서비스이고 특징이며 기술이다.

예를 들어 최근 신바시(新橋), 신주쿠(新宿), 히비야(日比谷), 시부야(澁谷) 역 근처의 번화가를 걷다보면 반드시 말을 걸어 오는 사람이 있다. "노래방 어떠세요?"라는 식이다. 내가 어지간히 한가하게 보이는가보다. 대낮부터 노래를 부를 리 없잖아, 라고 생각했지만 밤은 물론 낮, 심지어는 아침에도 노래방 영업을 하는 곳이 있다.

낮이나 아침에 노래방 영업을 하는 곳은 대부분 주택가에 자리잡고 있다. 번화가에는 거의 없고 이곳은 학생이 많이 이용한다.

주택가 노래방을 이용하는 고객은 주로 노년층이다. 오전부터 오후 5시까지는 몇 시간을 있든 요금은 1인 당 1,000엔이다. 점심도 준비되어 있으므로 집에 돌아가지 않고 계속 노래를 부를 수 있다. 단, 음료수와 점심 값은 따로 지불해야 한다. 주택가 노래방에서는 노인들이 스트레스를 해소한다기보다는 '황혼의 낭만적인 사랑'을 즐기기 위해 이용한다고 한다.

주택가의 노래방은 임대료가 싸다. 보통 노래방은 초저녁부터 밤까지 손님이 가장 많고 최대한 새벽까지라는 시간제약이 있다. 아침부터 초저녁까지 노래방을 개방하지 않든 하든 임대료는 마찬가지다.

그렇다면 아침부터 계속 열어두는 편이 낫지 않을까, 라고 생각한 것이다.

단골손님이 있어서 아침부터 초저녁까지 하루에 20명은 온다고 한다. 음료수와 점심은 따로 돈을 지불하므로 1인당 1,500엔이라고 해도 20명이면 하루에 3만 엔이고 한 달에 20일 열어두면 월 60만 엔은 된다.

아침부터 초저녁까지 문을 열어두지 않으면 60만 엔의 매출은 올릴 수 없다. 그러니까 이것은 예상 외의 수입이다. 가게는 하루 종일 열어둔다는 활용법으로 연간 7백만 엔의 큰 돈을 벌 수 있다.

나는 이 사업이 앞으로 좀 더 성장하리라 생각한다. 특히 수도권 주택가라면 성공할 가능성이 크다. 실제로 내 고향 요코하마(橫浜)에서도 성공한 예가 많이 있다. 하지만 유흥가, 환락가에서는 실패할 확률이 높다. 그런 곳에는 노인층이 모여들지 않기 때문이다. 이 사업은 주택가에 있다는 점이 핵심이다.

도시에는 아직 이런 유휴 시설이 있을 것이다. 유휴 시설로는 저녁에 문을 여는 술집 등이 있다. 이런 시설을 교섭을 해서 이용해보도록 한다.

역 앞의 번화가에 있는 노래방은 밤에 영업이 잘 된다. 반면 주택가에 있는 노래방은 아침부터 초저녁을 노리는 편이 좋다. 혼자서 시간 조절만 하면 충분히 운영할 수 있는 비즈니스라고 생각한다.

언어습관이 사람을 만든다. 평소에 아무렇지도 않게 하는 입버릇, 자신도 모르게 내뱉은 입버릇, 이것이 자신의 평판을 떨어뜨리고 승진을 방해하는 경우가 많다.

5

탁월한 판단력이 있어야
인간관계를 잘 유지할 수 있다

가장 인기가 없는 사람은 판단력이 없는 남자

모 여성지 신년 특별 기획으로 마루노우치(丸の內)에 있는 회사에서 근무하는 40대 여성 여러 명과 대담을 나눈 적이 있다.

은행, 증권회사 등 금융기관, 상사, 전기공업 등 제조업체에 근무하는 이른바 직장여성들이었다. 대담 주제는 '의외로 인기가 있는 남자, 이상하게 인기가 없는 남자' 였다. 내가 사회를 맡아 진행했다. 나도 남자라서 그런지 이 주제가 자꾸 신경이 쓰였다. 도대체 어떤 이야기가 등장할까? 내심 기대가 되었다.

최근 긴자의 유흥업소 마담과 종업원이 '좋은 남자의 조건' 이라는 주제로 책을 내서 베스트셀러가 되었다. 그들이 보는 '좋은 남자' 란 돈 씀씀이가 큰 남자다. 게다가 남자라고는 하지만 직위로만 그들을 이해하고 있다. 유흥업소라는 일의 특성상 주로 '성공한 사람' 만 상대하고 있으므로 무리도 아니다.

40대 직장여성들은 대기업 사장이라고 해도 예전부터 쭉 지켜봤다. 이사나 임원 등은 입사동기인 경우가 많다. 이들의 강점은 남자를 '정해진 지점에서 관측' 하고 있으므로 강하고 예리하며 강렬해서 배울 점이 있다.

일단 내 나름의 가설은 갖고 있다. 인기 있는 사람은 '다정한 남자', '외모가 멋진 남자'가 인기 있을 것이다. '일 잘하는 남자', '배려할 줄 아는 남자', '힘이 있는 남자', '의지가 강한 남자', 여러 가지 조건이 떠올랐죠. 전부 나와는 상관이 없다는 생각이 들었다.

그런데 내 가설이 빗나갔다.

다정하고 배려할 줄 아는 남자는 일반적으로 인기가 있는지 모르지만 이 점에 질려서 이혼한 여성이 있다는 것이다.

"이거 어때? 맛있어?", "아직 안 마셨어?", "다른 거 주문할까?"

도대체 이런 말이 뭐가 잘못되었다는 것인가? 그런데 그 여성은 "지겹다!", "내 마음대로 하고 싶으니까 내버려두면 좋겠다"라고 말한다. '다정함'이란 정말로 곤란할 때 위로받고 싶을 때 자연스럽게 한마디 건네주는 것이라고 한다. 그런데 그러기가 쉽지 않다.

"자기 편한대로 생각하니까 이혼했죠"라고 엉겁결에 말하고 싶어졌으나 그랬다가는 집중 공격을 받을지도 모른다는 생각에 포기했다. 이런 식으로 내 가설은 모조리 깨졌다.

그 여성들에게 가장 인기가 없는 사람은 '판단력이 없는 남자'였다.

우유부단, 의지박약, 갈팡질팡 망설이고 남의 의견이나 행동을 덩달아 따라하거나 줏대 없는 사람, 경박한 사람, 인생을 우습게 여기는 사람 등 줄줄이 그런 유형이 떠올랐다.

"뭐 먹을래?"

"뭐든지 좋아."

"나도."

"뭐 마실래?"

"뭐든지 좋아."

"나도."

이런 남자가 늘어났기 때문에 여자가 자연히 강해졌다고 그 여성들은 말한다.

"모성본능이 생겨나지 않나요?"

"말도 안 돼요. 알 만한 나이에 먹을 것, 마실 것 하나 결정을 내리지 못하면 일은 어떻게 하죠? 자신의 머리로 생각해서 결정을 내려야 하지 않나요. 판단력 없는 남자는 절대로 출세 못해요!"

"네. 네."

그런 것이었다.

디렉터가 망설이면 아무도 움직이지 못한다

그 여성들의 이야기가 이해는 되었다. 학창시절, 그리고 최근에도 같은 상황을 접한 적이 있기에 잘 알고 있다.

먼저 학창시절 일이다. 텔레비전 방송국에서 잠시 아르바이트를 한 적이 있다. 쇼프로그램을 녹화하는 중이었는데 나는 방해가 되지 않도록 시키는 대로 일을 처리했다. 서열이 10번째 정도인 AD(Assistant Director)가 하는 잡일이었다. 디렉터가 현장에서 결단을 내리지 못하면 일은 중단된다. 사회자, 초대손님뿐만 아니라 스태프의 움직임까지 한순간에 멈춰버린다. 디렉터의 지시를 잠시 기다리는 동안 현장은 정적에 휩싸인다.

극단적으로 말해 쇼프로그램을 이끌어 가는 사람은 사회자이며 사회자를 위한 것이다. 이런 사회자가 "어떻게 하면 좋을까요?"라고 물을 때 디렉터는 그 자리에서 명확하게 지시를 내려야 한다.

연기도 마찬가지다. 예를 들면 오른쪽 발부터 내딛을지, 왼쪽 발부터 내딛을지, 왼쪽이면 왼쪽 오른쪽이면 오른쪽 확실히 지시해야 한다.

"오른쪽이야."

디렉터는 오른쪽으로 움직이라고 지시한다.

'앗, 잘못되었다. 이건 왼쪽인데⋯⋯.'

속으로 그 사실을 깨달아도 디렉터는 정정하지 않는다.

"미안, 다시 한번 하자. 이번에는 왼쪽에서 해보자."

"그래, 잘했어. 왼쪽이 훨씬 잘 어울리는군. 자네한테는."

디렉터는 이런 식으로 지시를 하고 명확한 판단을 내려 그 자리에서 군림한다. 모든 사람이 디렉터의 판단에 따라 마리오네트(marionette. 인형극에 쓰이는 실로 조정하는 인형)와 같이 움직인다.

최근에는 이런 일이 있었다.

텔레비전 프로그램에 해설자로 출연했을 때의 일이다. 여기서도 디렉터가 모든 것을 지휘했다.

"초대손님은 무대를 향해 왼쪽에서 등장합니다. 큐 사인을 줄 테니까 선생님은 무대를 향해 오른쪽에서 나오십시오."

나는 어느 쪽에서 봤을 때 왼쪽이고 오른쪽인지 잊어버렸지만 초대손님과 반대쪽 방향에서 나오면 된다고 판단한 후 그대로 움직였다.

"네, 이 위치예요. 이 위치에서 멈추세요."

이 위치라고 말하는 곳에는 테이프를 붙여놓았다. 그렇게까지 세밀하게 지시를 하는가 싶어 깜짝 놀랐다. 카메라워크에 영향을 미치기 때문으로 조금만 위치가 틀려도 NG다.

디렉터가 판단하는 대로 잘못되든 잘되든 그대로 움직인다. 움직임이 없으면 프로그램은 만들어지지 않는다. 지시하는 사람이 있고 지시를 받고 움직이는 사람이 있다. 이런 흐름이 없으면 조직을 지휘할 수 없다.

'양 같은 리더 1명과 사자 같은 부하 100명'이 있는 팀보다는 '사자 같은 리더 1명과 양 같은 부하 100명'이 있는 팀이 강하다.

이 말은 판단하는 사람이 많은 조직보다는 지시나 명령이 한 계통으로 되어 있는 조직이 훨씬 강하다는 의미다. '사공이 많으면 배가 산으로 올라간다'라는 말도 있다.

"뭐 먹을래?", "뭐든지 좋아"가 아니다.

"맛있는 곳을 찾아냈어. 갈래?", "어."라고 한다.

이렇게 하는 편이 낫다.

판단력이란 굉장히 섬세한 부분에도 필요하다. 판단해야 할 사람이 판단하지 않으면 상황은 정지하고 전혀 움직이지 않게 된다.

언어습관이 당신의 판단에 영향을 미친다

"어떻게 된 거야?", "어떻게 하지?"라고 의문을 담아 이야기하는 것이 습관이 된 사람이 있다.

어떻게 해야 하는가, 이미 결정되었는데도 항상 자신에게 의문을 던지는 입버릇이 있다. 아무도 없다면 단순히 혼잣말로 그칠 수 있다. 하지만 회의를 할 때나 부하 앞에서 이런 말을 하면 주위에서 이 사람은 의지할 만한 사람이 못되는구나, 라는 판단을 내리게 되므로 주의해야 한다.

언어습관이 사람을 만든다. 평소에 아무렇지도 않게 하는 입버릇, 자신도 모르게 내뱉은 입버릇, 이것이 자신의 평판을 떨어뜨리고 승진을 방해하는 경우가 많다.

예전에 항상 벤치에 앉아있던 프로야구선수가 있었다. 기회가 왔을 때 감독이 "자네, 컨디션이 어때?"라며 은근히 대타로 내보내겠다는 암시를 주는데 그는 언제나 "그저 그래요"라고 대답한다. 그는 그저 그렇다는 말을 입버릇처럼 한다. 대타로 나가 안타를 치지 못했을 때 변명이 되기도 하고 겸손한 마음에서 그렇게 한다.

하지만 감독은 "그래, 그럼 대타는 ○○"라며 다른 선수를 지명하고 그는 출전 기회를 놓쳤다.

이 선수는 코치에게 불려가 한바탕 설교를 듣고 그때서야 깨달았다.

다시 기회가 찾아왔다. 감독이 "요즘 컨디션이 어때?"

"최곱니다."

"좋아. 대타는 나카하타(中畑)다!"

그 후 그는 감독이 같은 질문을 하면 그때마다 최고라고 대답해서 계속 대타로 기용되었다. 다음 시즌부터는 선발 출장했으며 처음으로 3할대 타율 기록, 수위타자, 은퇴 후 나가시마 자이언트 코치, 그리고 현재 아네테 올림픽 팀과 나가시마 재팬의 코치를 맡고 있다.

당신은 어떤 언어습관을 갖고 있는가? 자신은 전혀 깨닫지 못할 수도 있다. 하지만 주위 사람은 잘 알고 있다. 사람은 누구나 '그런 말은 그만두어야 하는' 입버릇이 있다. 예를 들어 부정적인 말이나 남에게 상처를 주는 말, 부주의한 메시지 등이 있다. 이런 입버릇을 고치기 위해서 가족이나 친구에게 물어보기 바란다.

무슨 일을 하든 "불가능하다고 생각하지만 일단 해보겠습니다"라고 말하는 사람이 있다. 결과부터 말하고 일을 하는 것은 좋지 않다. 비슷한 표현으로는 "잘 될지 안 될지 알 수 없지만……"라는 것도 있다. 사실은 이 말도 결과가 이미 나와 있다. 상대에게 기대를 과도하게 품지 않게 하려고 미리 도피처를 마련해두는 것이다. 하지만 이런 말은 바람직하지 않다.

그냥 "최선을 다하겠습니다"라고 말하면 된다. 왜 이런 표현을 하지 못할까?

부정적인 말버릇이 굳어져 있기 때문이다. 바꿔 말하면 도피처를 마련해두는 삶의 방식을 취하고 있기 때문이다. 사람은 자신과 가장 어울리는 말을 어느새 입버릇처럼 하게 된다.

'현장 분위기'를 파악해야
좋은 인간관계를 구축할 수 있다

좋은 인간관계를 구축하기 위해서는 표현 기술만으로는 부족하다. 현장 분위기를 읽는 능력도 필요하다.

현장에 감도는 분위기를 읽지 못하면 겉돌게 된다.

"그 사람은 우리랑 어울리지 못하는 거 같아."

뒤에서 이렇게 지적을 당하는 사람은 현장 분위기를 읽지 못하는 사람이다. 그 자리에 어울리지 않는 화제를 꺼내놓고 태연하게 있는 사람은 어른의 세계에서 배척당하게 된다.

현장 분위기를 파악하지 못하는 이유는 그 자리에서 상황 판단이나 정세 판단을 하지 못하기 때문이다.

예를 들어 입시철에 나누는 대화다.

"우리 아이는 공부하기 싫어서 대학에 안 간대."

"요즘 세상에 최소한 대학은 나와야 뭐라도 하지 않겠어? 아무 데라도 좋으니까 들어가라고 해."

"……."

쓸데없는 참견이다.

"○○과장님, 이 회사 △△과장님 참 좋은 분인 거 같습니다."

"네? △△? 어떻게 아세요?"

"비즈니스맨 연구회에서 명함을 교환했습니다. ○○과장님과 같은 회사라서 반가웠어요. 거기서 많은 이야기를 나눴습니다."

"음. 어떤 이야기요?"

이 시점에서 상대의 얼굴빛과 이야기하는 모습을 보고 ○○과장과 △△과장이 사이가 좋은지 나쁜지 판단해야 한다. 현장 분위기를 읽지 못하는 사람은 이런 판단을 내리지 못한다.

"아, △△과장님 정말 대단하신 거 같아요. 그렇게 열심히 공부하는 분은 만난 적이 없어요."

(그래. 나는 공부 안 해. 미안하다. 당신은 이제 여기 오지 마라.)

"들어보니까 ○○과장님과 동기라고 하던데요. 그래서 다음에 세 사람이 함께 술이나 마시자고 하시던 걸요."

"동기 맞습니다. 근데 셋이서 술을 마시자고요?"

"네. 언제 시간이 나세요? 꼭 한잔 마셨으면 합니다. △△과장님과 다시 만나서 이야기하고 싶습니다. 부탁드려요."

(그럼 나랑은 얘기하고 싶지 않다는 건가. 당신 정말 출입금지야. 그렇게 △△하고 이야기하고 싶으면 앞으로 그 녀석 있는 곳에서 일을 받아 가면 되겠네.)

"음. 지금 수첩을 확인했는데요. 안타깝게도 지금 당장은 무리예요. 저녁에는 모임이 있고 최근에 저도 어학원에 다니고 있거든요."

"아, 그러세요. 아쉽네요."

겉으로는 상대에게 맞춰주는 듯하지만 전혀 그럴 마음이 없다. 동기라고 해서 꼭 사이가 좋은 법은 없다. 30대 중반이 되면 성공하는 쪽과 그렇지 않은 쪽이 나누어진다. 같은 과장이라도 부장이나 임원이 되는 길을 걷고 있는 사람도 있지만 영원히 과장으로 머무르는 사람도 적지 않다.

하물며 한 자리를 놓고 경쟁하거나 어느 쪽이 빨리 임원이 될지 치열하게 다투는 사이라면 이런 이야기는 치명적이기까지 하다.

제삼자를 너무 칭찬하다보면 상대는 자신을 깎아 내린다고 느낄 수도 있다. 따라서 현장 분위기를 파악해서 상황을 판단하는 일이 중요하다.

'장소'에는 힘이 있다

커뮤니케이션에는 '바르게 말하게 하는 방법'과 '기분 좋게 말하게 하는 방법' 두 가지가 있다.

바르게 말하게 하려면 옆길로 새려고 할 때 바로 정정해서 똑바로 이야기를 전개시켜야 한다. 한편 기분 좋게 말하게 하려면 다소 옆길로 새더라도 신경 쓰지 않고 계속 이야기를 전개하도록 내버려둔다. 기분 좋게 말하고 있으므로 이야기는 자연스럽게 발전하고 우주의 저편까지 이어질지도 모른다는 착각마저 든다.

때로는 허풍일지도 모르지만 그래도 괜찮다.

바르게 말하게 하는 것은 비즈니스로 이야기하면 '보고, 연락, 상담' 하는 상황에서 필요한 작업이다. '보고, 연락, 상담' 할 때는 대략적이거나 엉터리 정보로는 불가능하다. 바르게 말하게 하는 것은 이른바 폐쇄적인 커뮤니케이션 방법이다.

기분 좋게 말하게 하는 것은 비즈니스로 이야기하면 아이디어회의, 기획회의, 정보교환을 할 때 효과적인 작업으로 개방적인 커뮤니케이션 방법이다. 당연히 이 방법이 인간관계를 긴밀하게 한다.

커뮤니케이션으로써 커다란 효과가 있는 것은 실은 '장소'다.

장소에는 힘이 있다. 나는 이것을 '장소의 힘'이라고 부른다. 회의를 할 때 빨강 조명이 있는 방에서는 논의가 뜨거워진다고 한다. 파랑 조명이 있는 방에서는 냉정하게 회의를 전개할 수 있다. 색깔에 따라 장소가 지닌 힘은 배가된다.

물론 장소에 따라 커뮤니케이션이 밀접해지기도 하고 소원

해지기도 한다. 이별을 이야기할 때 선택하는 장소, 좀 더 친밀해지고 싶어서 선택하는 장소는 완전히 다르다. 이런 판단이 불가능하면 인간관계에서 뼈아픈 실패를 하게 된다.

예를 들어 거래처 사람을 접대할 때 당신은 어떤 장소를 선택하는가? 붉은 등이 켜진 술집인가 그렇지 않으면 선술집인가?

어떤 접대를 받는가에 따라 상대가 자신에게 무엇을 요구하는지 알 수 있다. 나아가서는 자신을 어떻게 평가하고 있는지 판단할 수 있다.

만일 '이번에 자리를 마련했다'며 붉은 등이 켜진 술집이나 선술집으로 안내하면 '비즈니스를 떠나 편하게 술을 마시고 싶어하는구나'라고 판단한다. 고급 술집이나 긴자의 고급 초밥집에 안내되면 '이런, 큰일이다. 좋다고 해야겠구나'라는 압박감을 느끼게 된다. 이럴 때는 불안한 마음이 들어 주위를 두리번거리게 된다.

하지만 접대하는 쪽도 고급 술집이나 초밥집에 익숙하지 않을 때는 여기저기 바라보며 함께 불안감을 느끼며 이야기를 잘 진행하지 못할 때도 적지 않으므로 주의하기 바란다.

어처구니없는 추태를 보인 엘리트 은행 지점장

이해관계가 얽혀있는 비즈니스 교섭은 그 자체로 어렵고 딱딱하다. 이런 분위기를 부드럽게 하는 곳은 술과 음식이 있는 장소다.

이럴 때 단골집에 안내하면 무엇이 맛있는지 잘 알고 있으므로 상황이 좋아진다.

접대하는 쪽: "○○씨. 이 집은 동해산 생선요리가 아주 맛있답니다."

접대받는 쪽: "그렇군요. 생선은 동해에서 잡히는 것이 맛있어요."

접대하는 쪽: "맞아요. 술 한 잔 하세요."

접대받는 쪽: "안 되는데, 안 되는데, 안 되는데, 라고 말해야겠지만……."

술자리에서는 시시한 농담을 하며 서로 흉금을 털어놓게 된다.

술과 음식을 함께 먹으면 좋은 점이 많다. 어떻게 밥을 먹고 술을 마시는가에 따라 상대를 판단할 수 있기 때문이다.

예를 들면 좋고 싫음을 알 수 있다. 좋아하는 요리를 비롯해서 그 사람의 교육 정도와 인간성까지 판단할 수 있다.

접대받는 쪽: "우와, 이 고구마조림 맛있네요."

접대하는 쪽: "그러세요? 토속음식을 좋아하시는군요."

접대받는 쪽: "맞습니다. 실은 도호쿠(東北)지방의 외판 마을에서 태어났어요."

접대하는 쪽: "아, 줄곧 도쿄출신이라고 생각했습니다만."

접대받는 쪽: "아니에요. 정종과 절임을 좋아하는 전형적인 도호쿠 사람이에요."

접대하는 쪽: "그렇군요. 앞으로도 제가 계속 귀찮게 해드릴 텐데 잘 부탁드립니다."

아주 사소한 것, 즉 고구마조림을 좋아한다는 말에서 상대의 출신지를 짐작한다. 사무실에서 "어디 출신이세요?"라고 묻는다면 "미안해요. 제가 사투리를 쓰는가보죠?", "그게 아니고요", "나도 알고 있어요. 이제 당신하고는 말하고 싶지 않아요"라며 불쾌하게 여길 수도 있다.

'시간, 장소, 상황(time, place, occasion. TPO)'을 착각하면 안 좋은 사태가 벌어질 수도 있다. 술자리에서는 커뮤니케이션이 자연스럽게 가능해진다. 듣기 어려운 정보도 상대에게 의외로 쉽게 들을 수 있다.

술과 음식을 먹을 때 특히 술자리에서 조심해야 한다. 인간관계를 긴밀하게 만들기도 하지만 뼈아픈 실패를 저지르는 것도 술자리다.

예전에 친구 소개로 모 도시에 있는 은행 지점장과 술과 음식을 함께 먹은 적이 있다. 그는 천하의 T대학 법학부를 졸업하고 유명 은행에 들어갔다. 내심 예의 바르고 두뇌가 명석한 엘리트 지점장이라고 감탄하고 있었다.

그런데 술자리에서 그의 인간성이 드러났다. 술을 여러 잔 주고받는 사이에 이 사람이 쓴 가면이 벗겨졌다.

2차에 갔을 때 그는 이미 고주망태가 되었다. 넥타이를 풀어서 머리에 동여매고 마담과 여종업원에게 "야, 너 어느 학교 나왔어?, 어차피 돌대가리겠지. 나는 T대학 출신이야!"라며 큰소리를 쳤다. 다른 테이블 고객은 그 모습에 질렸는지 아무 말도 못하고 있었다. 그는 변함없이 남을 무시하는 발언을 하고 있었다. 늘 그런 손님이 있을 테니 익숙해졌겠지만 그래도 너무 심했다는 생각이 들었다.

나중에 "그런 손님은 앞으로 데려오지 마세요"라는 가벼운 원망을 들었다.

사람을 판단하기 위해서는 술을 마시게 하거나 아름다운 여자 앞에 데려가라는 말도 있다. 겉으로는 아무리 예의 바르게 보여도 술만 들어가거나 이성 앞에서는 그만 본성을 드러내기 때문이다. 사람의 참된 모습을 발견하기에 안성맞춤이다.

인간관계를 개선하는 철칙

인간관계를 원활하게 만드는 비결에 대해 미국의 심리학자 로버트 콘클린(Robert Conklin)은 세 가지를 이야기했다.

① 상황을 바꾼다

회사에 불만이 있으면 전직한다. 도저히 참을 수 없는 사람일 때는 서로 안 본다. 자신의 몸을 다른 환경에 둠으로써 문제를 해결하는 방법이다.

② 상대를 바꾼다

설득하고 상대의 태도, 사고방식을 바꾸는 방법이다.

③ 자신을 바꾼다

상대에 대한 자신의 견해를 바꾸는 것으로 가장 효과적인 방법이다.

예를 들어 당신이 상사라고 하자. 일 못하는 부하가 있어서 항상 스트레스를 받게 된다.

로버트 콘클린 식으로 해결하려고 하면 먼저 '① 상황을 바꾼다'를 적용해서 부하를 해고하거나 부서를 바꾸거나 전직을 권한다.

부하의 미래를 생각하는 상사일수록 자신의 손으로 일 못하는 부하를 바꾸려고 한다.

그래서 선택하는 것이 '② 상대를 바꾼다'이다.

과연 이 판단이 옳을까?

부하의 미래를 생각할수록 이대로 두어서는 안 된다고 진지하게 고민한다. 입에서 나오는 말은 어려운 요구, 잔소리, 불만 등을 이야기한다. 부하에게 자신의 마음을 확실히 전달하면 좋지만 자칫 본심이 아닌 말만 늘어놓기 쉽다. 이 문제가 인간관계에서 어렵고 이상한 점이다.

'조하리의 창'으로 판단한다

인간관계를 바르게 판단하기 위해서는 심리학에서 유명한 '조하리의 창'을 통해 생각해야 한다.

조셉 루프트(Joseph Luft)와 해리 잉거함(Harry Ingham)이 제안한 이론으로 두 사람의 이름을 따서 '조하리의 창(Johari Window)'이라고 부른다.

'조하리의 창'은 네 가지로 나누어진다.

① 열린 창(open self) - 자신도 타인도 알고 있는 자신

② 보이지 않는 창(blind self) - 자신은 모르지만 타인은

알고 있는 자신

③ 숨겨진 창(hidden self) – 자신은 알고 있지만 타인은 모르는 자신

④ 암흑의 창(unknown self) – 자신도 타인도 모르는 자신

여기서 핵심만 살펴보자.

먼저 '① 열린 창'이란 '자신도 타인도 알고 있는 자신'을 의미한다. 따라서 서로 비밀이 없다. 이런 관계를 접할 때 사람은 정말로 편안한 마음으로 지낼 수 있다.

상사: "자네는 일하는 방식이 안 좋아."

부하: "맞아요. 저는 일하는 방식이 안 좋아요."

상사: "그러니까 회사에서 좋은 평가를 못 받고 손해만 보는 거야."

부하: "손해보고 싶지 않아서 노력하고 있어요. 하지만 성과가 안 나타나요."

서로 알고 있는 정보로 커뮤니케이션할 때는 다툼이 일어나지 않는다.

그러면 '② 보이지 않는 창'에서는 어떻게 될까? '자신은 모르지만 타인은 알고 있는' 관계에서는 압박감을 느끼게 된다.

상사: "자네는 일하는 방식부터 글렀어!"

부하: "도대체 뭐가 잘못되었습니까? 저에 대해서 뭘 알고 계십니까! (어차피 타인인 주제에)"

'③ 숨겨진 창'에서는 어떤가?

상사: "이렇게 자네를 감싸주는 상사가 또 있는 줄 아나? 사실은 나 아니었으면 자넨 옛날에 잘렸을 거야. 고맙게 생각하게."

부하: "네. (○○과장 밑에서 일하고 싶은데……. 인사이동을 시켜주면 얼마나 좋을까. 이 사람 밑에서는 정말 일할 의욕이 안 나!)"

'④ 암흑의 창'에 대해서는 서로 모르는 상황, 무의식의 영역이다.

표3 인간관계를 판단하는 '조하리의 창'

		자기 자신이 알고 있다	자기 자신이 모른다
주위 사람이	알고 있다	열린 창 open self (자신도 타인도 알고 있는 자신)	보이지 않는 창 blind self (자신은 모르지만 타인은 알고 있는 자신)
주위 사람이	모른다	숨겨진 창 hidden self(자신은 알고 있지만 타인은 모르는 자신)	암흑의 창 unknown self (자신도 타인도 모르는 자신)

판단을 바꾸려면 머릿속부터 변화시켜라

스트레스를 받지 않고 상대의 이야기를 순수하게 들을 수 있는 것은 '① 열린 창' 밖에 없다.

뒤틀린 인간관계를 풀기 위해서는 먼저 상대에게(부하에게, 상사에게) 정보를 제공하거나 교환해야 한다. 이 과정을 거치지 않으면 다른 창에서 '① 열린 창'으로 발전하기 어렵다.

예를 들어 상사와 부하의 인간관계에서 상사가 일방적으로 열의와 박력(때로는 협박)으로 머릿속의 운영체제(OS)를 변환시키려고 하기 쉽다. 하지만 아무리 노력해도 이 방법은 무리다. 열의를 담아 설교할수록 역효과만 난다. 컴퓨터도 운영체제를 바꿔버리면 소프트웨어를 인식하지 못한다. 하물며 상대는 사람이다. 컴퓨터보다 훨씬 섬세한 사람이란 말이다.

그렇다면 어떻게 해야 할까?

암시를 주거나 자극을 주어야 한다.

서로 커뮤니케이션이 부족할 때 갈등이 있다. 직접 물어본다고 해서 모두 털어놓을 정도로 사람은 호락호락하거나 단순한 생물이 아니다. 따라서 상사가 직접 지도하지 말고 부하의 선배나 동료의 말을 따르게 하거나 상황을 탐색해서 조치를 내리는 간접 통치, 간접 지도가 중요하다.

부하를 설득할 때 아무래도 상사 쪽의 정보가 부족할 때가 많다. 이런 상사를 보는 부하는 ① 열린 창' 이 부족한 경우에는 불만을 품게 된다.

'저에 대해서 도대체 뭘 알고 계십니까!' 라고 느끼기 때문에 상사의 말을 받아들이지 않는다.

'사람을 보고 법을 설득하라' 는 말이 있는데 상대가 순순히 들을 수 있는 자세가 될 때까지 기다리라는 의미다. 들을 수 없는 상황에서 들을 수 있는 상황으로 만든다. 일단 판단이 내려지면 정확히 지도한다. 조금만 지도해도 바로 달라질 수 있다. 우수한 부하는 내버려두어도 스스로 발전한다. 상사의 지도 덕분이 아니다.

상사의 일은 부하를 세뇌시키는 것이다. 즉, 부하의 일에 대한 운영체제를 변환시키는 것이다. 그러므로 상사는 부하를 바꾸기보다는 자신의 방법, 사고방식을 바꾸는 데 힘써야 한다. 로버트 콘클린이 지적하는 핵심은 여기에 있다.

돈을 빌려달라는 부탁을 교묘하게 거절한 '돈벌이의 귀재'

인간관계에서 어려운 점은 의뢰나 부탁을 받았을 때 거절하는 것이다.

특히 돈을 빌려달라거나 보증을 서달라는 부탁은 참으로 곤란하다. 부탁받은 사람은 며칠씩 고민하고 난 후 "부탁이니까 제발 부탁 좀 하지 말아 줘"라는 말장난 같은 이야기를 하게 된다.

이렇듯 까다로운 문제를 해결하는 것은 풍부한 경험이다. 아무리 머리가 좋거나 우수하다고 해도 이런 문제와는 상관이 없다. 얼마나 많은 고비를 넘겼는가, 라는 경험이 승패를 가른다.

앞서 사금융의 강자 다케후지의 다케이 야스오를 소개했다. 그는 돈벌이가 되지 않는 일에는 아는 사람이라도 돈을 빌려주지 않는다.

사금융은 일반적으로 융자한도액이 낮다. 작은 돈을 빌려주고 높은 이자를 받는다. 따라서 억 단위의 융자가 되면 사장에게 직접 돈을 빌려달라고 부탁해야 한다.

다케이 야스오에게는 일 외에 개인적으로 친분이 있는 사람들도 돈을 빌려달라는 부탁을 많이 한다. 하지만 돈이 되지 않는 부탁은 당연히 들어주지 않는다. 의뢰를 받는 즉시 거절한다.

그런데 방법이 특이하다.

"좀 기다려주기 바래. 요즘 좀 복잡한 일이 있어서 그 건만 해결되면……."

마치 융자를 해줄 듯한 어투가 아닌가? 상대는 엄청난 부자인 다케이 야스오가 이런 말을 하니까 안심하고 돌아간다. 하지만 여러 번 연락해도 꼬리가 잡힐 말은 하지 않고 이리저리 따돌린다. 이 점이 핵심이다.

"돈을 빌려줄 생각은 조금도 없지만 무 자르듯 단번에 거절하면 인간관계가 끊어져버린다. 어쩌면 분풀이로 여기저기 험담을 하고 다닐지도 모른다. 친구의 어려운 처지를 모른 체했다고 소문이 나면 세상 사람의 눈이 냉랭해진다. 그래서 자꾸 이 핑계 저 핑계로 미룬다. 그가 사업가라면 당연히 다른 방도를 구할 것이다."

다케이 야스오는 천연덕스럽게 이런 말을 한다. 얼마 후 상대가 전화를 한다.

"다른 경로로 자금을 조달했어. 여러 가지 신경 써줘서 고마워."

딱 잘라 거절하지도 않고 돈을 빌려주지도 않으면서 인간관계는 계속 유지한다. 대단한 처세술이다.

이런 판단은 아무나 할 수 있는 것이 아니다. 수많은 고비를 넘겨온 경험이 있어야 이런 대응이 가능하다. 이렇듯 사업가는 냉철해야 한다.

그렇다고 다케이 야스오만 그런 것은 아니다. 경제 단체의 우두머리이며 재계의 거물인 어떤 경영자는 친형의 회사가 기울었는데도 융자 부탁을 거절했다. 결국 형의 회사는 파산했고 재계의 거물을 냉정하다고 비난하는 사람도 있었다. 하지만 공과 사는 혼동해서는 안 된다.

거물의 판단은 옳았다. 형제라는 사실과 기업 경영은 엄격하게 구별해야 한다. 은행의 개인계좌에서 돈을 인출해서 준다면 괜찮지만 그렇게 해서 도와줄 수 있는 금액이 아니다. 지혜나 아이디어는 얼마든지 제공할 수 있지만 융자나 보증은 안 된다. 만일 도와주고 싶다면 회사를 합병하거나 사들이는 방법을 생각하는 편이 좋다.

기업 경영에 사사로운 감정을 개입시키는 것은 주주에 대한 책임을 저버리는 행위다.

다시 다케이 야스오의 이야기로 돌아가자. 그는 통찰력이 뛰어나고 사람을 바라보는 눈이 냉철하다.

히가시니혼 하우스(東日本ハウス)의 사장이었던 나카무라 이사오(中村功)라는 사람이 있다. 최근에는 '은하 고원 빌딩', '오에도(大江戸) 온천 이야기' 등의 경영에 힘쓰고 있다.

어느 날 히가시니혼 하우스의 주식이 오르자 다케이 야스오는 한꺼번에 사들였고 증권회사의 소개로 서로 이야기를 나누게 되었다. 술자리에서 다케이 야스오는 사업의 귀재답게 나카무라 이사오에게 경영에 대해 시시콜콜 캐물었다고 한다. 대주주로서 당연한 행동이었다. 하지만 만족스러운 대답은 듣지 못했다.

그러자 어떻게 했을까?

"그 회사 주식을 전부 팔아라."

다케이 야스오는 비록 도청 등 저급한 죄를 저질러 체포당했지만 투자는 진지하게 생각해서 결정하는 인물이었다. 그는 나카무라 이사오와 이야기할 때도 돈을 벌 수 있는가만 생각했다. 그래서 가망 없는 것은 포기했다.

이 사람의 인생을 생각할 때 모든 인간관계는 '돈'이라는 끈으로 연결되어 있었다. 하지만 그의 판단이 옳은지 그른지는 아직 알 수 없다.

정확히 판단하려면 정보를 수집해야 한다. 이를 위해서는 질문하는 능력을 발휘해서 다양하고 다각적인 정보를 입력해야 한다.

6

판단력을 기르는
'10가지 습관'

판단력을 기르기 위해서는 평소에 꾸준히 훈련해야 한다. 도대체 어떤 점을 주의해서 단련해야 할까?

마지막 장에서는 판단력을 기르는 10가지 습관에 대해 소개하겠다. 확실히 공부해서 당신의 판단력을 좀 더 발전시키기 바란다.

1. 차분히 관찰하는 습관을 가진다

가장 중요한 핵심은 차분히 관찰하는 것이다.

관찰하지 않고 느닷없이 직감이나 감으로 이것저것 판단할 수는 없다. 만일 판단한다고 해도 엉터리일 것이다.

관찰이란 정해진 지점에서 관측하는 것이다. 장기간이든 단기간이든 그 움직임을 차분히 보고 있으면 어느 정도 전망이 보인다.

예를 들어 주가를 살펴보자. 날마다 움직임을 관찰하고 있으면 앞으로 오를지 아니면 내려갈지 어느 정도 판단할 수 있다.

최근에는 신입사원에게 수습기간을 주는 회사가 많다. 내가 대학을 졸업하고 회사에 입사했을 당시에도 물론 있었지만 그때는 유명무실한 제도였다. 그런데 지금은 정말로 3개월 정도 시험적으로 일을 시켜보고 아니다 싶으면 자르는 경우가 있다.

그 정도로 신중한 것이 옳다. 수습기간은 회사 쪽에서는 사원을 판단하는 시간이며 사원 쪽에서는 괜찮은 회사인지 여기서 일하면 공부가 될지 안 될지 판단하는 시간이다. 이 점을 잊어서는 안 된다.

단 3개월이라도 차분히 관찰하면 아주 작은 차이도 민감하게 반응해서 '어, 좀 이상한데' 라는 느낌이 든다.

2. 직감이나 감을 기르는 습관을 가진다

관찰하지 않고 느닷없이 직감이나 감으로 판단할 수는 없다고 했다.

정해진 지점에서 관측하는 습관, 차분히 관찰하는 습관으로 경력, 경험을 쌓아 가면 머릿속에 방대한 자료가 모이게 된다. 이것은 사람의 유형을 인식할 때 기준이 된다.

전당포 사장은 어느 은행의 은행장보다 통찰력이 있다. 고서점 주인은 어느 대형서점의 경영자보다 책에 대해서는 통찰력이 있다. 현장에서 매일 방대한 자료를 입수하기 때문이다.

"이건 ○○엔밖에 안 되겠는데……."

"그럴 리가…… 좀 더 나갈 텐데요."

"아뇨. 이 브랜드는 가짜예요."

보기만 해도 바로 판단할 수 있는 것은 지금까지 많은 상품을 봐왔기 때문이다. 그래서 주위에서는 감이나 직감만으로 판단한다고 생각한다. 그러나 이들은 봐야 할 핵심을 알고 그것을 주의 깊게 확인하고 있을 뿐이다.

이것이 노하우다. 수십 년 동안 정해진 지점에서 관측하고 차분히 관찰했기에 노하우를 얻을 수 있었다.

판단할 때는 논리적인 사고가 중요하다. 하지만 머리가 좋은 사람일수록 머리만으로 판단해서 실패한다.

"이런 게 돈이 될까?" 혹은 "이건 성공한다", "이건 돈이 된다", "앞으로 성장할 업계다", "성공할 확률이 높다"고 판단하고는 실패한다.

논리적인 사고도 중요하지만 감이나 직감도 중요하게 여기는 편이 유리하다. 인간을 꿰뚫어보는 문제라면 더욱 그러하다. 지금까지 수십 년 동안 살아오면서 쌓아온 자신의 경력을 좀 더 신뢰해야 한다.

예를 들어 나는 컨설팅 의뢰를 받았을 때 일이라고 해서, 돈을 번다고 해서 모두 맡지는 않았다. 거절할 때도 많았다. 그런데 일을 맡아서 실패한 경우도 꽤 있었다.

거절했을 때와 일을 맡아서 실패했을 때는 공통점이 있다. 의뢰인이 태연하게 약속을 깬다는 것이다. 언제까지 하라고 지시를 했는데도 하지 않은 채 변명을 한다. 그러면서도 항상 큰소리를 치지만 그 일을 실현시키지는 못한다. 실현하도록 조언까지 했는데도 따르지 않는다. 이런 일이 여러 번 계속되면 스트레스가 된다.

나는 비즈니스를 추진할 때 돈이 되는 일인가, 공부가 되는 일인가를 따져본다. 상대에게 배울 점이 없을 때는 반면교사 (反面教師. 따르거나 되풀이해서는 안 되는 나쁜 본보기)가 되기는 하지만 시간 낭비라고 생각해서 컨설턴트 비용을 돌려주고 연을 끊는다.

원래는 거절해야 하는데 인간관계가 얽혀 있거나 이익에 눈이 어두워져 정확한 판단을 내리지 못할 때도 있다. 하지만 '이 사람과 잘 지내지 못할 듯하다'라는 직감은 정확한 판단을 내리도록 돕는다.

지금은 직감을 우선하게 되었는데 이것도 무의식 세계에서의 조언이라고 생각한다. 따라서 내부의 목소리에 좀 더 귀를 기울여야 한다. 그렇지 않으면 실패한다.

3. 논리적으로 생각하는 습관을 가진다

감이나 직감은 가설을 구축할 때 효과적이다. 하지만 이것이 옳은지 그른지 가설을 검증할 때는 논리가 필요하다.

덜덜 흔들려서 유령 아파트라고 불리는 건물이 있다. 근처에 트럭이 지나가지도 않고 지진도 아니지만 항상 정해진 시간에 흔들린다.

"무슨 까닭인지 매주 이 시간만 되면 흔들려요."

가와사키(川崎)에서도 비슷한 사건이 일어났다. 조사해보니 클럽 치타에서 라이브 공연이 늘 정해진 시간에 열렸고 여기서 400미터 떨어진 요릿집 문이 덜덜 흔들렸던 것이다. 하지만 요릿집 문 외에는 별다른 이상이 없었다.

한동안 원인이 판명되지 않았던 이유는 소리가 그곳까지 전달되어 요릿집 문을 흔들리게 한다고 생각한 사람이 아무도 없었기 때문이다. 주위에는 철근으로 된 건물이나 아파트도 많이 있었고 그렇게 멀리 떨어진 클럽 치타의 라이브 공연이 원인이라고는 생각하지 못했다.

그러나 '소리'라는 실마리로 조사했더니 바로 판명이 났다. 소리는 파동이다.

예를 들어 사람의 내장은 7~8헤르츠에서 공명한다. 요릿집 문을 흔들었던 소리는 안구가 움직여서 물체의 형상이 떨리는 정도다.

소리라고는 하지만 귀에는 들리지 않는다. 하지만 요릿집 문이 공명해서 흔들렸다.

이 사실을 밝혀낸 사람은 소리에 관해 논리적으로 사고할 수 있었던 것이다. 판단에는 능숙한 논리 전개가 필요하다.

4. '아무도 하지 않아서 재미있다'고 생각하는 습관을 가진다

판단력에는 크게 나누어 두 가지가 있다.

하나는 모두 도전해서 실패했으므로 이것은 할 수 없다고 판단하는 것이다. 대부분의 사람은 이렇게 판단한다.

다른 하나는 모두 도전해서 실패했으므로 한번 해보자고 판단하는 것이다. 세상에서는 이런 사람을 '기인', '괴짜'라고 부른다. 그러나 이렇게 판단해야 큰 성공을 거둘 수 있다. 대부분의 사람과 같은 판단력을 갖고 있으면 큰 변화는 일어날 수 없다.

아무도 하지 않으므로 재미있다는 판단을 할 수 있는가 없는가가 문제다.

내가 법인 상대로 영업활동을 해서 성공한 이유도 '선배는 모두 실패했다. 그건 접근 방식이 잘못되었기 때문이다. 그렇다면 실패를 거울로 삼아 다른 방법으로 도전해보자' 라고 판단했기 때문이다. 만일 같은 방법을 사용했더라면 어느 정도 성과는 올렸겠지만 폭발적인 성과는 올리지 못했을 것이다.

아무도 하지 않는 것은 기회다. 다나카 고이치(田中耕一)의 대발명은 원래 누군가가 발견했던 방법을 이용했다. 그 방법은 잘못되었다고 인식되어 아무도 깊이 있게 도전하지 않았다. 그는 무의식적으로 끝까지 도전했고 새로운 발견을 해냈으며 덕분에 노벨상을 수상했다.

한편 데루모(テルモ)라는 의료기기 제조업체가 있다. 현재 이 회사에서 가장 잘 팔리는 상품은 '아프지 않은 주사바늘'이다. 아주 가늘기 때문에 '앗, 주사바늘로 찔렸다고? 언제?' 라며 아픔을 느끼지 않는 것이다.

이 상품을 개발한 사람은 오카노 공업(岡野工業)이라는 작은 공장의 오카노 마사유키(岡野雅行)다.

그의 기술은 지금까지 없었던 제조방식이다. 일본 물리학회에서 그 방식은 불가능하다는 판정을 내렸다.

'그렇다면 한번 해보자!'

'봐라. 그 방법이 가능하지 않는가!'

이 말이 하고 싶어서 끊임없이 도전했다고 한다.

한번 만들어보겠다고 결정한 사람도 대단하지만 '아프지 않은 주사바늘을 만들 수 없을까' 라며 문제를 제기한 제조업체도 대단하다.

이 주사바늘은 길이 20밀리미터 구멍의 지름 80미크론(micron. 1,000분의 1밀리미터), 외형 200미크론으로 극히 가는 것이다. 기존의 주사바늘보다 30퍼센트 정도 가늘게 만드니까 주사 맞을 때의 아픔이 사라졌다.

이 상품은 '모기' 에서 힌트를 얻었다. '아, 가려워' 라고 느꼈을 때는 이미 모기에게 물린 후다. 모기의 능력에 감탄하고 '아프지 않은 주사바늘을 만들어보자' 고 생각한 것이다.

모기에 물린 사람은 수없이 많다. 여기서 '아프지 않은 주사바늘' 이라는 발상을 이끌어낸 것은 정말 대단하다. 좀처럼 나오기 힘든 발상이다.

'아프지 않은 주사바늘' 의 수요는 폭발적으로 늘어났다. 예를 들어 당뇨병 환자는 인슐린을 1년에 천 번 정도 맞아야 한다. 이 주사바늘 덕분에 주사자국이 파랗게 남거나 여러 번 맞아 피부가 딱딱해져 주사바늘이 들어가기 힘들어지는 문제가 해결되었다.

주사바늘 자국이 많아서 마약중독자로 오해를 받은 사람도 있다고 한다. 이런 괴로움에서 해방시킨 것만 해도 대단한 성과다.

"어떤 세계든 고객이란 존재는 해결하기 어려운 문제를 제시한다. 그래서 보람이 있는 것이다."

—오가노 미사유키

이런 각오를 했기에 대발명은 가능했다.

5. 반대로 생각하는 습관을 가진다

"카레를 좋아하니까 카레전문점을 열어야겠어."

"라면이 너무 좋다. 라면가게를 열면 성공하겠지."

어린아이와 같은 말이다. 이런 식으로 인생을 헤쳐나가기는 어려우며 좋아하는 것과 일하는 것은 완전히 다르다고 설교하는 사람이 있다.

하지만 나는 이 말이 정답이라고 생각한다. 물론 자신이 좋아해야 하지만 손님이 먹어주는 것도 좋아해야 한다.

'코페르니쿠스적 전회(轉回)'라는 말이 있다.

판단이란 것은 한쪽에서만 바라보면 정답을 얻을 수 없다. 정답은 이쪽저쪽 여러 가지 각도에서 바라봄으로써 보인다.

"장님 코끼리 말하듯"이란 속담이 있다.

'긴 것이 있다', '거죽이 딱딱하다', '마치 책상과 같다'

전체를 보지 않고 부분만 만져보고 이렇다 저렇다 이야기하지만 이래서는 무엇인지 짐작하기 어렵다. 전체를 봐야 코끼리인지 알 수 있다. 이것이 부분만 보고 판단하는 무서움이다.

정확한 판단을 하기 위해서는 의식적으로 반대로 생각할 줄 알아야 한다. 반대 상황에서 생각해보라는 말이다.

상사라면 부하의 상황, 부하라면 상사의 상황, 남성이라면 여성의 상황, 여성이라면 남성의 상황이라고 상상한다. 그러면 반대의 모습이 보이기 시작한다. 판단이 다각적, 입체적이 되므로 정확도가 높아진다.

후지 텔레비전의 인기 프로그램 〈트리비아의 샘(トリビアの泉)〉을 보면 아무런 도움이 되지 못했던 잡학이 얼마나 재미있는지 알 수 있다.

원래 정보와 지식은 어느 정도 도움이 되어야 가치가 있다. 하지만 반대로 생각해보자. 정보와 지식의 홍수인 시대에 시시한 잡학이 부담 없고 얼마나 즐거운지, 그리고 여기에 많은 사람이 공감했기에 성공한 것이다.

'이런 어처구니없는' 이라는 놀람이 한 모금의 청량제가 되어 즐거움을 선사한다.

〈트리비아의 샘〉은 정보 프로그램이 아니라 완벽한 오락 프로그램이다. 후지 텔레비전에서도 이 점을 자각하고 있기에 사회자와 초대 손님으로 코믹 요소가 강한 배우와 코미디

언을 등장시키고 있다. 나는 이 프로그램이 후지 텔레비전 판
〈쇼텐(笑点. 니혼 텔레비전의 코미디 프로그램)〉이라고 생각한다.

6. '이 사람!'의 의견은 꼭 확인하는
습관을 가진다

이 습관은 아주 중요하다. 자신의 머릿속으로 판단하는 것
도 중요하지만 어려운 문제일수록 다른 사람의 머리를 빌리
는 것도 중요하다.

내 경우 경제문제, 특히 주가, 환율에 대해서는 친구 세 명
의 의견을 반드시 확인한다.

그들은 세계적인 네트워크를 지니고 있으며 환율, 주식 투
자, 선물 투자, 상품 시세, 자금 투자 등 다양한 분야에서 활
약하고 있기 때문이다. 게다가 최근 15년 동안 커다란 흐름에
서 벗어난 적이 없었기에 더욱 신뢰한다.

'주가가 내려갔다'

그들은 이 현상을 어떻게 분석하는가? 이 사태를 어떻게
판단하는가? 이 현상이 미래에 끼치는 영향으로 무엇이 있는
가? 나는 그들의 이야기를 들으며 자신의 판단에 확신을 갖
거나 수정하거나 자극을 받는다.

다른 사람의 의견을 그대로 따르려는 것이 아니라 어디까지나 자극을 받기 위해서라는 가벼운 마음에서 질문한다.

당신도 아침에 신문에서 얻은 정보로 주위사람과 이야기를 나누어보기 바란다.

'사실 나는 이렇게 생각하고 있다' 며 새로운 발견을 하게 될 때가 있다. 특히 이 사람의 의견은 들어야 한다고 생각하는 사람이 있다면 꼭 물어보기 바란다.

'그는 항상 내게 물으러 온다' 라는 자세를 가지면 사랑받을 수 있다. 자신이 의지가 되어준다는 느낌을 갖기 때문이다.

인간적인 친밀감은 얼마나 오랜 시간 함께 있었는가와 비례한다. 이 습관은 생각지도 못한 성과를 얻을 수 있으므로 꼭 도전해 보라.

7. 때때로 머리를 쉬게 하거나 아무 상관없는 일에 집중하는 습관을 가진다

심리학에서 '황혼시 효과' 라는 것이 있다.

황혼시(黃昏時)란 심리적으로 육체적으로 하루의 피로가 극도에 도달하는 시간을 말한다. 사고력이 저하되기 때문에 암시에 걸려들기 쉽다. 이 시간대가 되면 자제력이 느슨해져서 충동구매를 하거나 소매치기를 당하는 일이 많다. 히틀러는 "설득은 해질 무렵을 노려서 하라"는 말을 했고 실제로 그는 저녁에 종종 연설했다.

밤에는 좀 더 자제력이 줄어들어 가면이 벗겨지기 쉽다. 한마디로 말해 판단력이 둔해진다는 것이다.

그러므로 때때로 머리를 쉬게 하는 등 격이 필요하다. 머리를 쉬게 하려면 수면이나 휴식을 취하면 된다. 그 외에도 지금 하는 일과 전혀 관계없는 일에 전념하는 것도 효과가 있다.

예를 들어 영어를 공부한다고 하자. 머리를 쉬게 하려면 일기를 쓰거나 두뇌의 지향을 바꿔 기분전환을 시킨다.

기분전환을 한 후 다시 본래 문제에 몰두한다. 그렇게 하면 전과 다른 판단을 내릴 수 있다. 생각을 거듭하다보면 문제해결에 접근할 수 있기 때문이다. 이런 때일수록 머릿속을 다시 리셋해서 새로운 마음으로 힘써야 한다.

사람은 쉼으로써 비약적으로 발전할 수 있다. 휴식은 판단력에 도움이 된다.

8. '덧셈, 곱셈'보다 '뺄셈, 나눗셈'으로 생각하는 습관을 가진다

사람은 이것도 더하고 저것도 더하는 식으로 하나도 손해 보지 않고 이익이 되는 방향으로만 생각하려는 경향이 있다.

하지만 때로는 뺄셈, 나눗셈으로 생각하는 것도 중요하다.

예를 들어 전자계산기 시장에서 앞서가던 샤프전자가 카시오에게 패배한 적이 있다. 그때의 원인은 판단 착오였다. 구체적으로 살펴보자.

샤프전자는 '전자계산기 전쟁에서 이기려면 부가가치가 있어야 한다. 이를 위해서는 8자리 계산이 가능한 제품이어야 한다'고 판단했다. 반면 카시오는 '소비자가 매력적으로 느끼는 것은 가격이다. 6자리 계산밖에 할 수 없더라도 싸고 사용하기 쉬운 전자계산기를 세상에 선보이겠다'고 판단했다. 결과적으로 소비자는 카시오의 판단을 선택했다.

샤프전자는 기술은 물론 실력도 있었지만 마케팅에서 실패했다. 소비자가 무엇을 원하는지에 대해 덧셈, 곱셈으로 판단했다. 반면 카시오는 마케팅에서 승리했던 것이다. 카시오가 승리한 요인은 뺄셈, 나눗셈의 사고방식이다. 이것도 저것도 모두 부가가치로 더할 필요는 없다. 이 가격으로 하려면 어떻게 해야 할까? 이것을 뺄셈으로 계산해서 내놓은 것이다.

덧셈, 곱셈만 멋진 것이 아니다. 이기기 위해서는 뺄셈, 나눗셈이라는 판단도 어딘가에 입력시켜둘 필요가 있다.

9. 질문하는 능력을 발휘하는 습관을 가진다

정확히 판단하려면 정보를 수집해야 한다. 이를 위해서는 질문하는 능력을 발휘해서 다양하고 다각적인 정보를 입력해야 한다.

캬바레 사장들은 여자 종업원을 스카우트하기 위해 일본 전역을 돌아다닌다고 한다. 물론 전화로 문의하는 경우도 적지 않다. 전화는 실물을 볼 수 없으므로 상대를 정확히 상상하기 위해 여러 가지 질문을 해야 한다.

이때도 노하우가 있다.

"제복이 마련되어 있는데 어떤 사이즈를 입죠?"

사이즈를 알면 말랐는지 살이 쪘는지 키가 큰지 작은지 어느 정도 판단할 수 있다.

"노래방에 가서 어떤 노래를 부릅니까?"

"네. 좀 오래된 노래인데요. 〈쇼와가레스스키(昭和枯れすすき. 쇼와시대의 마른 참억새)〉를 불러요."

이 대답으로 밝은 성격인지 어두운 성격인지 판단할 수 있다.

"탤런트 누구랑 닮았다는 얘기를 듣나요?"

"다들 가마치 사치코(蒲池幸子) 젊은 시절이라고 하는데요. 제 생각에는 하마사키 아유미(浜崎あゆみ)를 닮은 거 같아요."

외모를 대강 짐작할 수 있는 질문이다. 물론 자기 생각이므로 어느 정도 감안해서 판단해야 한다.

정보는 판단력의 근원이다. 정보가 없으면 아무것도 판단할 수 없다. 정보를 모으기 위해서는 질문하는 능력을 발휘하는 습관을 가져야 한다는 점을 기억하기 바란다.

10. 길을 잃었을 때는 기본으로 돌아가서 생각하는 습관을 가진다

거침없이 판단하는 사람은 시원시원해서 좋다. 그런데 현실적으로 쉽게 판단하지 못하는 상황이 많다.

특히 이해관계가 얽혀있거나 커다란 갈림길에 놓였을 때는 지나치게 진지해지거나 긴장하기 때문에 최상의 판단력을 발휘하기 어렵다.

예를 들어 전직을 한다고 하자. 한 군데에 내정되어 있으면 그곳으로 결정하면 된다. 그런데 다섯 군데에서 오라고 하면 망설이게 된다. 혼자서 고민하기도 힘든데 제삼자가 참견해서 문제를 더욱 복잡하게 만들 때도 있다.

"어느 회사 급료가 제일 많아?"

"A사."

"그럼 그곳으로 결정해."

"하지만 거긴 분위기가 살벌해서 바로 해고당할지도 몰라."

"음. 어디가 잘리지 않고 오래 다닐 수 있을까?"

"B사겠지."

"그래? 그럼 거기로 결정해."

"근데 B사 업무는 뭔가가 부족해. 좋은 의미로 말하면 긴장감이 없다고 해야 할까."

"도대체 넌 어디가 좋은데?"

"C사나 D사가 좋을 거 같은데."

"어디로 결정해야 할까?"

"모두 비슷비슷해서 고르기가 더 힘든 거 같아."

"아무 데나 들어가도 괜찮다는 말이지. 그럼 주사위를 던져서 정해."

이런 식으로 이야기가 진행되기 쉽다.

자기 나름의 전직 조건이나 방침을 세워두었다면 이렇게

망설이지는 않을 것이다.

일 자체의 매력으로 판단하는가, 연봉인가, 대우인가, 미래의 꿈인가, 그렇지 않으면 독립을 염두에 두고 노하우를 습득하는 것인가 등 전직을 고려할 때의 기본 철학이 있을 것이다. 길을 잃었을 때는 기본으로 돌아가서 생각한다.

사방이 오리무중이라 방향을 알 수 없는 것은 자동항법장치(Navigator System)를 작동시키지 않았기 때문이다. 처음에 어떤 마음으로 전직을 하려고 했는가? 도대체 어떤 꿈과 목적이 있어서 전직을 고려했는가? 즉, 동기가 무엇이었는가, 라는 기본으로 돌아가서 생각한다.

기본으로 돌아가면 눈앞에 펼쳐진 안개가 싹 걷힌다. 안개가 걷힌 후에는 길을 선택하면 된다.

판단이란 막다른 곳에서 안개를 걷어내는 작업이다.

초판1쇄 인쇄 | 2014년 10월 15일
초판1쇄 발행 | 2014년 10월 17일

지은이 | 나카지마 다카시(中島孝志)
옮긴이 | 안소현
펴낸이 | 박대용
펴낸곳 | 도서출판 부자나라

주소 | 413-834 경기도 파주시 교하읍 산남리 292-8
전화 | 031)957-3890, 3891 팩스 | 031)957-3889
이메일 | zinggumdari@hanmail.net

출판등록 | 제406-2104-000069호
등록일자 | 2014년 7월 23일

*잘못 만들어진 책은 교환해 드립니다